Ese libroka Pijal comunidadpami kan, culturata apoyangapa idiomakunatapash esfuerzochinkapa.

Kay kamuka Pijal llaktapakmi kan, sumak kawsayta yanapankapa shimitapash sinchichinkapa.

Dedicado a la comunidad de Pijal y sus esfuerzos por mantener su cultura, identidad y lenguajes.

For the community of Pijal for their dedication to maintaining their culture, identity and languages.

Este Libropika Cuentokuna Tradicionkuna Pijalmanta Chaupishimipi

Cuentos y Tradiciones de Pijal: Relatos en Media Lengua
Stories and Traditions from Pijal: Told in Media Lengua

Narradores/ Storytellers: Lucía Gonza, Anita Cañarejo, Mercedes Tabango, Isabel Bonilla, Antonio Maldonado

Recopilados por/ Compiled by: Jesse Stewart, Gabriela Prado
Transcritos/ Transcribed by: Jesse Stewart

Traducidos por/ Translated by: Jesse Stewart, Gabriela Prado, Lucía Gonza, Mercedes Tabango

Editado por/ Edited by: Media Lengua: Lucía Gonza, Mercedes Tabango
English: Sandra Bates, Jesse Stewart
Español: Cecilia Ayala, Gabriela Prado

Ilustrado por/ Ilustrated by: Gabriela Prado
Fotografía/ Photography: Francisco Alvarado León

Se utilizó un estilo dinámico en las traducciones, por lo tanto, se debe evitar la interpretación literal de las mismas. Se ha tomado mucho cuidado para no alterar el significado de las narraciones originales, cualquier error en las interpretaciones y traducciones de los transcritos son responsabilidad del autor.

Translations are often of a dynamic style, therefore, literal interpretations of the texts should be avoided. While great care has been taken to keep true to the original narrations, any misinterpretations, mistranslations or errors in the transcriptions are of my doing.

El financiamiento para esta investigación se obtuvo a través de la beca *Manitoba Graduate Scholarship* (MGS). El financiamiento para viajes también fue proporcionado por el premio J.G. Fletcher para Estudiantes de Postgrado.

The research involved in making this book was made possible though the gracious funding provided by the Manitoba Graduate Scholarship (MGS). Travel funding was also provided by the J. G. Fletcher Award for Graduate Student Research.

Índice/ Table of Contents

Pijal y Sumak Pacha

La Comunidad de Pijal está ubicada en la Parroquia González Suárez, Cantón Otavalo, Provincia de Imbabura, Ecuador. Se encuentra a 15 minutos en bus de la ciudad de Otavalo.

Pijal ha organizado el proyecto de turismo comunitario *Sumak Pacha* que significa "Tierra Fértil" en idioma kichwa (que es el idioma indígena más habado en el país y el idioma nativo de Pijal). La organización está formada por 23 familias que iniciaron esta actividad en el año 2006.

El proyecto de turismo comunitario tiene un profundo respeto a la *Pachamama*, intercambiando experiencias entre los visitantes y los miembros de la Comunidad. Los objetivos del proyecto incluyen: el fortalecimiento de la identidad cultural de la comunidad, la economía comunitaria para mejorar las condiciones de vida y fomentar la igualdad, equidad y solidaridad, practicando la interculturalidad.

Además de los alojamientos rurales y la convivencia intercultural, *Sumak Pacha* ofrece diferentes paquetes turísticos incluyendo la oportunidad de visitar los centros de producción artesanal, senderos, diferentes rutas para conocer los lagos, las cascadas y montañas, a través de distintas modalidades de caminata y cabalgata.

Sumak Pacha garantiza la calidad en la prestación de servicios, seguridad y una experiencia auténtica de convivencia con sus anfitriones en alojamientos rurales. Además, proporciona guías nativos para excursiones y caminatas, incluyendo la alimentación y el transporte. Los guías de la comunidad han sido capacitados y cuentan con licencia profesional de guías nativos.

Los turistas disfrutarán de una experiencia inolvidable.

Pijal and Sumak Pacha

The Community of Pijal is located in the González Suárez parish of Otavalo, in the Province of Imbabura, Ecuador. A 15 minute bus ride makes Pijal easily accessible from the city of Otavalo.

The Community of Pijal has organized a Community tourism project called *Sumak Pacha* meaning "Fertile Land" in Quichua (the largest indigenous language spoken in the country and one of the languages spoken in Pijal). The organization, made up of 23 familes, began operating in 2006.

The Community tourism project embraces a profound respect for *Pachamama* "Mother Earth" which is visible through its cultural exchange programs between visitors and Community members. The aim of this project includes: the strengthening of Pijal's cultural identity and the Community economy along with the development of equality, equity, and solidarity through intercultural practices.

In addition to lodging and family exchange programs, *Sumak Pacha* offers a diverse choice of tourism packages including the opportunity to visit artisanal production centres, horseback riding or trekking along the mountain trails and footpaths while visiting nearby lakes and waterfalls.

Sumak Pacha guarantees the quality and security of its services along with an authentic community experience with its host families in their rural lodging. In addition, *Sumak Pacha* provides food, transportation and native guides for all excursions. All Community guides have been trained and hold professional licenses as native guides. Tourists will enjoy an unforgettable experience.

¿Qué es la Media Lengua?

La media lengua es un idioma mixto hablado en la sierra Ecuatoriana. Lo que hace a la media lengua (y a otras lenguas mixtas) tan única es su génesis. La media lengua tiene una ascendencia dividida donde casi todas (90%) las raíces (sustantivos, verbos, adjetivos, adverbios, pronombres, demostrativos, etc) del español han sustituido a sus contrapartes del kichwa, mientras que la media lengua mantiene los morfemas funcionales del kichwa sin la simplificación gramatical.

Debido a la rareza de las lenguas mixtas, muy poco trabajo lingüístico se ha llevado a cabo. Sin embargo, las lenguas mixtas tienen una gran cantidad de información. Esta podría ser utilizada para entender mejor los factores sociológicos, psicológicos y neurológicos del lenguaje, que permiten a los humanos tomar dos idiomas tipológicamente no relacionados, dividirlos y crear un nuevo lenguaje. Un lenguaje que es totalmente funcional, basado en diferentes elementos lingüísticos.

En la actualidad el idioma que se habla a diario en la comunidad es el español. La media lengua solo es hablada por personas mayores de 35 años, convirtiéndolo en un idioma moribundo y en peligro de extinción. Los habitantes de Pijal mayores de 20 años, normalmente hablan español y tienen conocimiento del kichwa; sin embargo las personas menores de 20 años son normalmente monolingües en español y con un conocimento pasivo del kichwa.

El propósito principal de la publicación de este material es la conservación de este idioma dentro de la comunidad.

What is Media Lengua?

Media Lengua (ML) is a rare mixed language spoken in the Ecuadorian highlands. What makes Media Lengua, (and other mixed languages) so unique is its genesis. ML has a split ancestry where nearly all (90%) root words (nouns, verbs, adjectives, adverbs, pronouns, demonstratives etc.) from Spanish have replaced their Quichua counterparts while maintaining functional morphemes from Quichua with no grammatical simplification.

Mixed languages hold a wealth of information which could be used to better understand the sociological, psychological and neurological factors of language that allow humans to take two typologically unrelated, fully functional languages, split them apart and create a new, fully functional language based on different linguistic components.

Today Spanish is the dominant language spoken in Pijal. Media Lengua is typically only spoken by those aged 35 and above making it a moribund and endangered language. Those aged 35 and above are also fluent in Quichua and Spanish while Community members aged 20 and above typically speak Spanish and have a working knowledge of Quichua. Those younger than 20, however, are typically monolingual with only a passive knowledge of Quichua.

The aim of this publication is to preserve Media Lengua within the community.

Guía de Pronunciación

Derivado del español	IPA	Palabras de	Derivado del	IPA	Palabras de
a	/a/	araña	a	/a/	anaco
e	/e/	elefante	e	/e/	Ecuador
i	/i/	iguana	i	/i/	hari
o	/o/	oso	o	/o/	koso
u	/u/	uba	u	/u/	ubiana
b_ / mb/ nb	/b/	barco	ch	/ʧ/	chaki
v	/β/	vivir	c	/k/	rimashca
ci/ce	/s/ + V	ciego	f	/f/ ~ /p'/	piña
ca/co/cu	/k/ + V	cacao	j	/h/ ~ /x/	hatun
ch	/ʧ/	chico	hua	/wa/	huagra
d	/d/	dedo	k	/k/	kulki
f	/f/	fuente	l	/l/	lulun
gi/ge	/h/ ~ /x/ + V	general	ll	/ʒ/	llakta
ga/go/gu	/g/ + V	gato	m	/m/	manka
gua/guo	/ɣw/ + V	agua	n	/n/	nina
gui/gue	/g/ + _V	Guerra	ñ	/ɲ/	ñukanchi
h	mute	honor	p	/p/	piki
y	/j/ ~ /j/	hielo	qui/que	/k/ + V	Quichua
j	/x/ ~ /h/	hoja	r	/ɾ/	runa
k	/k/	kilo	s	/s/	samay
l	/l/	luz	sh	/ʃ/	shina
ll	/ʒ/	ella (Arg.)	t	/t/	tawri
m	/m/	mama	ts	/ts/ ~ /tz/	paktsa
n	/n/	negro	w	/w/	kanwan
ñ	/ɲ/	niño	y	/j/	yaku
p	/p/	perro	ga/gu/gui	/g/ + _V	sisagu
qui/que	/k/ + V	querer			
r	/ɾ/	rojo			
rr	/ʒ/ ~ /r/	ella (Arg.)	**Derivado del español**	**IPA**	**Palabras de Referenci**
s	/s/	sembrar			
sh	/ʃ/	shaman	x	/x/ ~	Mexico
t	/t/	tiempo	z	/z/	~zorro

*La ortografía que se aplicó en este libro es una combinación entre las reglas del español estándar, el kichwa unificado y el kichwa que conservaba la ortografía del español; se pudo establecer dichos patrones con el aporte de los naradores.

Pronunciation Guide

Spanish-derived	IPA	Reference words	Quichua-derived	IPA	Reference words
a	/a/	apple	a	/a/	apple
e	/e/	ape	e	/e/	ape
i	/i/	see	i	/i/	see
o	/o/	open	o	/o/	open
u	/u/	threw	u	/u/	threw
b_/ mb/ nb	/b/	bad	ch	/ʧ/	child
v	/β/	~violin	c	/k/	cat
ci/ce	/s/ + V	see	f	/f/ ~ /p'/	fox
ca/co/cu	/k/ + V	cat	j	/h/ ~ /x/	help
ch	/ʧ/	child	hua	/wa/	we
d	/d/	dog	k	/k/	cat
f	/f/	fox	l	/l/	light
gi/ge	/h/ ~ /x/ + V	help	ll	/ʒ/	measure
ga/go/gu +	/g/ + VC	~good	m	/m/	mat
gua/guo	/ɣw/ + V	~good	n	/n/	night
gui/gue	/g/ + V	good	ñ	/ɲ/	lasagna
h	*mute*	hour	p	/p/	pop
y	/j/~/j̃/	~ yes	qui/que	/k/ + V	cat
j	/x/ ~/h/	help	r	/ɾ/	bitter
k	/k/	cat	s	/s/	see
l	/l/	light	sh	/ʃ/	ship
ll	/ʒ/	measure	t	/t/	time
m	/m/	mat	ts	/ts/ ~ /tz/	pizza
n	/n/	night	w	/w/	we
ñ	/ɲ/	lasagna	y	/j/	yes
p	/p/	pop	ga/gu/gui	/g/ +_V	geek
qui/que	/k/ + V	cat			
r	/ɾ/	bitter			
rr	/ʒ/ ~ /r/	measure	**Spanish-derived**	**IPA**	**Reference words**
s	/s/	see			
sh	/ʃ/	ship	x	/x/ ~	~help
t	/t/	time	z	/z/	zebra

*The spelling convetions in this book are based input from the storytellers and make use of Standard Spanish, Unified Quichua and Spanish-based Quichua spellings.

Tradicionkuna

Tradiciones
Traditions
****

1 Comida Mingapi

Relatado por/ Told by: Anita Cañarejo

Chagrawata sembrangapaka cabashpa laderawakunataka cabashpa planadawataka arashpa. Mingaywata azishpaka, borregowata matashpami comidawata almuersowata ese pion gentewakunamanka. Mingaywata azishpami comichikarkanchi. Diaymantami ya vuelta madurakpika trigowataka cortankarkanchi pionwan, chichagowan, motigowan. Cibadawatapash, trigowatapash cortankarkanchi. Maizwan madurakpipash chichagota azishpa motigota azishpami mingaywata azishpa granowata recoginkarkanchi. Diaymantami ese granowata coznashpa cominkarkanchi piedragopi molishpa. Ese trigowataka coznashpa cominkarkanchi lechiwan, salwan arrozfalagotaka kallanapimi tostankarkanchi. Diaymantami mulinkarkanchi piedrapi. Piedrapi molishpami ajichankarkanchi arneropi. Diaymantami cozinankarkanchi. Diayamanta tosadowan cominkarkanchi.

Atras quebradamanta aguagota cargamushpa. Ese quebradami cojishpaka berrogota cojishpa, ese berrogowanmi coznashpa cominkarkanchi arrozfalagotaka. Y asimi cosechankarkanchi.

Ese granowa madurakpika nosotroska cosechankarkanchi pionwan. Piontaka mingayta azishpami cosecharkanchi maizwata. Maizwata cogishka jipaka hojawata cargashpami montonankarkanchi huagrawaman comichingapak. Grande montonta azishpami. Año enteropami ese hojawataka montonankarkanchi.

Español: Comida para las Mingas[1]

Para sembrar en un terrero, se remueve la tierra con asadón y las planicies son aradas con toros. Durante las mingas para la comida se mata un borrego, con el fin de alimentar a los peones y a toda la gente involucrada. Haciendo estas mingas todos podían comer. Los peones también cortaban trigo y cebada en la madrugada; ellos bebían chicha[2] y comían mote.

La minga se realiza durante las cosechas con el fin de recoger maíz y granos. Después de la cosecha, nosotros normalmente preparamos los granos moliéndolos en una piedra antes de cocinarlos. Por ejemplo, molemos el trigo, luego se lo cierne en un arnero y al final puede ser preparado ya sea con leche o con sal. Además se preparaba el arroz de cebada en el tiesto y finalmente se come todo acompañando con tostado.

Anteriormente para cocinar, íbamos a traer agua en la quebrada y se tenía que traerla cargando. En la misma quebrada también se cogía berros para cocinar, comúnmente se cocinaban con el arroz de cebada.

Es costumbre organizar una minga con los peones cuando el maíz y los granos están listos para ser cosechados. Además, después de la cosecha se recogen las hojas del maíz que sobran para dar de comer al ganado; estas serán utilizadas como alimento para el ganado durante todo el año.

English: Food and Mingas

Preamble: *Mingas are community gatherings which are organized to provide a volunteer workforce Mingas are traditionally held during the planting and harvesting of the fields, raising structures, and preparing and storing grain.*

When it comes time to plant a plot of land, we rotate the soil with hoes and plough the land with bulls. This work takes place in a *minga*. During these events we will often kill a sheep to feed the workers and serve chicha[3] and hominy throughout the day. We will hold a *minga* during the harvest too.

During the harvest we will cut the wheat and barley in the early morning when the weather is cool. Then we will cut the corn and other grains. Once harvested, we prepare the grains for cooking by grinding them on a stone. For example, we prepare flour by grinding wheat and passing it through a sieve. Then we can make flat-bread with the flour by adding milk and salt.

Another example is barley, which we toast in a clay pot and serve with fried corn nuts.

In the past, we would collect water from the ravine and carry it back in barrels. On the return trip, we would stop and gather watercress to be cooked with the barley.

After the corn and other grains are harvested in a minga, we gather the leftover leaves to feed our livestock. We typically collect large amounts of these leaves since they are needed to feed the animals throughout the year.

---

[1] La minga es una tradición ancestral de trabajo colectivo que se realiza dentro de una comunidad u organización social.
[2] La chicha es una bebida fermentada hecha de maíz mezclada con o sin alcohol.
[3] Chicha is a fermented beverage often made from corn. It can be mixed with alcohol.

4

2 Comida de Antes

Relatado por/ Told by: Anita Cañarejo

Antes comidataka quinoatami sembrankaranchi. Madurakpika piedrapimi fregankarkanchi. Diaymanta coznangapaka piedrapimi lavankarkachi.

Diaymantaka ya vuelta trigowa madurakpi trigowataka golpiashpa ese trigowataka aventashpa esewataka coznankarkanchi camidawata. Arrozfalagotaka comidawatapish cortashpa y golpiashpa esewataka aventashpa kallanawapi tostashpami.

Arrozfalawata azishpami comidawataka coznankarkanchi papagowan nabogowan. Ya vuelta, ese maizwata lomismo maizwatapish piedrawapi molishpami cominkarkanchi. Berrogota cogimushpa ese berro comidagota azinkarkanchi maiz harinagowan.

Ya vuelta, morochogotapish sembrashpa madurakpimi morocho comidagotaka salgowanpash, lechigowanpash, azishpa cominkarkanchi. Y zambowatapish salgowan zambowatapash dulcegowanmi coznashpa cominkarkanchi.

Antes nosotroska, llullu zambowataka salgowan, dulcegowan coznankarkanchi.

Tostadogowan comishpa vivinkarkanchi.

Dulce zombowataka coznankarkanchi charwarmishkiwan. Ese charwarmishkita sacangapak barrawanmi huequiankarkanichi. Diaymantami raspashpa seguinkarkanchi dulcegotaka tukukpika. Chawarmishkitaka arroz de cebadagowan, osino maiz harinagowanmi cominkakanchi.

Español: Comida de Antes

Uno de los alimentos que sabíamos sembrar antes, era la quinua. Cuando ya estaba madura, se cosechaba y luego se fregaba en una piedra, después se lavaba en la misma piedra para que esté lista para cocinar.

En cambio, cuando el trigo ya estaba maduro se lo golpeaba contra el suelo hasta que se abra, una vez que se reventaba lo cocinábamos. Lo mismo hacíamos con el arroz de cebada sin afrecho, se cortaba y golpeaba reventándolo para tostarlo en un tiesto.

Cuando el arroz de cebada estaba sin afrecho se lo cocinaba con papas y nabos. Hacíamos lo mismo para obtener la harina de maíz, la molíamos en piedra y después se recogía berros para cocinar.

Otro alimento que también sembrábamos era el morocho[4], cuando este estaba maduro se preparaba con sal y leche.

Hace tiempo atrás también cocinábamos sambo[5] tierno, ya sea, con sal o con dulce.

Era tradición comer todo con tostado.

Otra forma de preparar el sambo era cocinando el dulce de sambo con *chawarmishki*[6]. Para sacar el chawarmishki se hacía huecos con una barra en la caña, se raspaba y se lograba obtener el dulce. Sabíamos preparar el chawarmishki con arroz de cebada o con harina de maíz.

English: Old-style Foods

We used to plant quinoa as one of our traditional foods. When it was ready for harvest, we would rub it back and forth on a grinding stone. Afterwards, it would be washed and prepared for cooking.

After the wheat was harvested, it would be beat against the ground until it split open. Once split, it was ready for cooking. After we cut the barley, it would also be beat against the ground until it cracked open. Once cracked, it was ready to be toasted in a clay pot.

Peeled-barley could also be cooked with potatoes and turnips. Cornmeal was another item that could be prepared by grinding corn on a stone. We would often gather watercress and cook it with the cornmeal.

We would also plant *morocho*[7]. Once ripe, it would be ground and used as a soup base along with salt and milk. We would also cook *sambo*[8] with salt or sugar.

It was tradition to eat this food with fried corn nuts.

In the past, we would also cook unripened squash with salt or sugar and serve it with fried corn nuts. Another meal we would often prepare consisted of sweet squash with *chawarmishki*[9]. In order to extract the *chawarmishki*, we would poke holes in the stem of the fique plant and collect the extract. *Chawarmishki* was often served with barley or cornmeal.

---

[4] Tipo de maíz en estado seco, de color blanco.
[5] El sambo es un tipo de calabaza.
[6] Bebida extraída de la base del cabuyo o penco azul.
[7] *Morocho* corn is a type of dried cracked hominy.
[8] Known as a "winter melon" in North America.
[9] Juice extracted from the bud of the steam of agave plants.

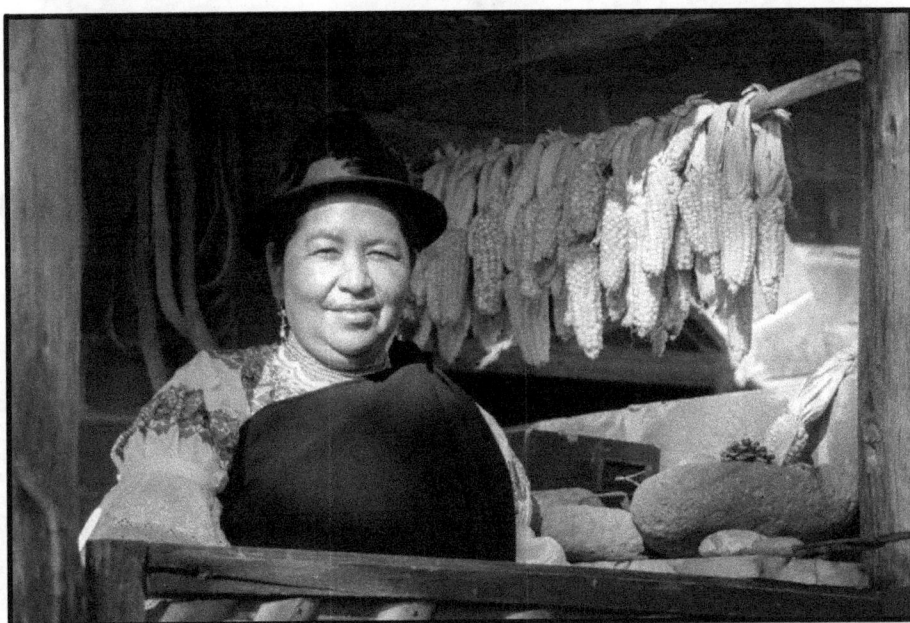

7

3 Jilana
Relatado por/ Told by: Isabel Bonilla

Jilashpa borregota treskilashpa lavankarkanchi lavashpa
tisashpa. Vuelta unomi cardashpa unomi palogopi amarrashpa
jilashpa andankarkanchi centuraspi metishpa. Asi ponchota
azingapa kosaman, anacota azingapa suedraman, ponchota
azingapa suedroman, anacota nuestroman asi jilay jilay
andankarkanchi.

Diaymanta, jilay jilay shayajushpapi vuelta camizata
cozinkarkanchi manopi. Manopi cozishpa ponikushpa vivinchi
ahorakaman. Asi manopi cozinchi ondipi mingakunapi
sesionkunapi sentakushpa cozinajunchi camizata. Ahoraka
jilaytaka ya no jilanchichu. Camizata mas cozinchi ahoraka,
camizata mas que dinochekuna cozishpa sentanajunchi,
mingaykunaman ishpa.

Español: Hilando

Para hilar lana comenzamos trasquilando una oveja, sigue el lavado y luego se *tisa*[10] la lana, se envuelve muy firme en un palo que se lo pone en nuestra cintura, entonces podemos seguir hilando alrededor. Con esta lana hacíamos un poncho para nuestro esposo y para nuestro suegro y un anaco para la suegra.

Después, cansadas de hilar, también bordábamos como hoy en día las camisas a mano. Por lo general se borda una camisa en cualquier lugar, por ejemplo: durante las mingas o en las reuniones. Hoy en día ya no hilamos a mano las camisas, estas vienen bordadas.

English: Spinning Wool

To spin wool, we begin by shearing the sheep, washing the wool and removing the pulling. We then make taut the wool by wrapping it around a stick that we keep in the sash around our waist. This way we can go about spinning, for example, a poncho for our husbands, an *anaco*[11] for our mother-in-laws or a poncho for our father-in-laws.

After we get tired of spinning, we might switch to a shirt and sew by hand. Even today it's still common to sew by hand. We will sew basically anywhere. Often, during *mingas*[12] or meetings, we will sit and work on a shirt.

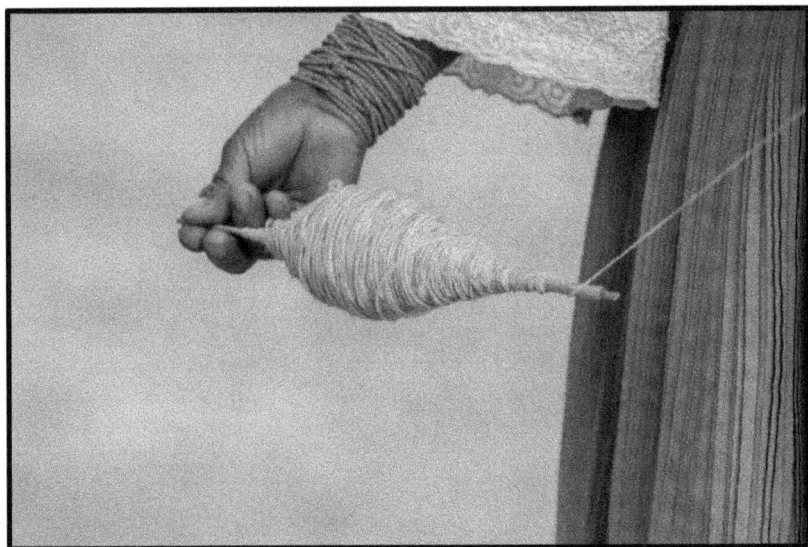

---

[10] Desgastar, desenhebrar
[11] The name of a specific skirt worn by many the Quichua women in the Andes.
[12] *Mingas* are a long standing tradition of collective work with soical benefits.

Relatado por/ Told by: Anita Cañarejo

    Nosotros jilashpami maridomanpash ponichinkarkanchi este algodontaka. Asi morroshpami asi tisashpa algodonwatami jilankarkanchi. Diaymantami jarimanpish calzonta, nosotros warmimanpash azinkarkanchi fachalinata, anacota, liensutapish.Y vuelta jarimanka punchuta, warmimanpish anacota jilashpa ponikunkarkanchi.

    Borregowata treskilashpa ese lanawataka lavashpa, esetaka tisashpa, cardashpa, palowapi juangushpa esewataka jilashpami. Maridomanpash punchuta, nuestro ponikungapapash anacowapa fachalenawapa, jilashpami ese borrego lanawata jilashpami, nosotroska ponikushpa vivirkanchi. Camisawatapish nuestroka, manopimi aujagowan cozishpa remindashpa aujagowan bordashpa y remendashpallata ponishpa vivinkarkanchi. Incajigotapash tejishpa aujitagowan poninkarkanchi. Incajitaka azishpa poninkushpa vivirkanchi tiempoka.

    Hualcagotapash ese jilashka algodon jilogota torsishpami hualcawatapish ese colorado hualcawata amarrarishpa vivirkanchi ese jilogowan cojishpa. Manillasgotapish puka manillasgota o hualcagotapish amarrankarkanchi. Sarcilluswatapash candonga sarcilluswata plata sarcilluswata candonga palma sarcilloswata. Pepa de sapallo plata sarcilluswatami ponikushpa vivirkanchi tiempoka.

    Sombrerowapash ese borregowapa lanawata mandankarkanchi, uno de Don Remigio dezishka, mishuwami muchiguwataka azishpa poninkarkanchi. Cobil muchijuwata, patriota muchijowatami o palo muchiju dezishkawata poninkushpa vivirkanchi. Ese borrego lanawata traskilashpaka. Ese mishuwaman mandankarkanchi muchijota azichun. Nuestromanka poningapaka elmi azishpa dankarka.

Español: Vestimenta de antes

La gente empezaba a elaborar la vestimenta sacando las basuritas de la lana antes de hilar; así ellos podrían vestir prendas de algodón. Después de hilar, se hacía calzones, ponchos de algodón para los hombres y para las mujeres calzones, chalinas, centro o *anaco*[13] de lienzo[14] y el rebozo[15].

Para obtener la lana se trasquilaba al borrego, luego se lavaba la lana, se limpiaba o cardaba y con un palo se hilaba hasta formar un bollo. Era una tradición ponerse las camisas bordadas a mano, así como también era costumbre, remendar nuestras prendas a mano.

Otra tradición de esa época eran los collares o *gualcas*[16], eran rojos y grandes. Se hilaba el algodón para hacer las gualcas, se lo torcía y con el mismo hilo se elaboraban manillas con unos *mullos*[17] rojos. También era costumbre ponerse zarcillos[18], candongas[19], zarcillos de plata, de palma de totora[20] y de pepa de zapallo. Además se usaba sombrero de lana de borrego y los sombreros se enviaban a hacer.

Había un señor que se llamaba Don Remigio, vivía en González Suárez y él fabricaba este tipo de sombreros; se conocía como sombrero de palo y se lo llamaba 'Cobil' o 'Patriarca'[21]. Este era el tipo de sombrero que se usaba antes.

English: Making traditional clothing in the old-days

In the past, we would spin wool for our husbands so they could wear cotton garments. We would begin by removing the pulling from the sheep wool and spin it into a weave. Once the weave was complete, we would make undergarments and cotton ponchos for the men and undergarments, shawls and white *anaco*[22] skirts for the women.

To procure the wool, we would shear the sheep and wash the fiber. The pullings would then be removed and a stick would be used to spin the wool into a ball. The women would knit ponchos for themselves and their husbands. They would make 'centros', also known as *anaco* skirts, and *rebozo*[23] shawls from the sheep wool. It also used to be a tradition to wear hand-embroidered blouses. Any clothing repairs that were needed were sewn by hand as well.

---

[13] Tela rectangular que a modo de falda se ciñen las indígenas en la cintura.
[14] Tejido blanco.
[15] El rebozo es una prenda de vestir muy popular entre las mujeres indígenas. Son hechos de tela o lana y se usan como los chales. Es una prenda de vestir femenina de tela, lana o bayeta, de forma rectangular y de una sola pieza.
[16] Collares hechos de corales o mullos costosos.
[17] Bolitas agujereadas para hacer collares o pulseras.
[18] Aretes
[19] Aretes de forma circular.
[20] Del kichwa *tutura* es una planta de tallo largo muy común encontrarla en los esteros.
[21] Tipo de sombrero. El más usado por los indígenas.
[22] The name of a specific skirt worn by many the Kichwa women in the Andes.
[23] A special scarf-like clothing item typically worn by the Cayambi people. It's often times used during festivals and parties.

11

Another tradition from that time period involved large red beaded necklaces known as *gualcas*. To make the string for the necklaces, they would spin cotton by twisting it. These same strings would also be used to make bracelets with red seeds. Along with these accessories, it was also customary to wear traditional earrings known as *zarcillos* and hoop earrings known as *candongas*. The earrings were often made of silver, *totora*[24] and gourd seeds. Moreover, they would wear wool hats that had to be sent off for fabrication.

There was a Mestizo man by the name of Don Remigio who lived in González Suárez and he would make these types of hats, which had various names such as 'Stick' hats, 'Cobil' hats and 'Patriarca' hats.

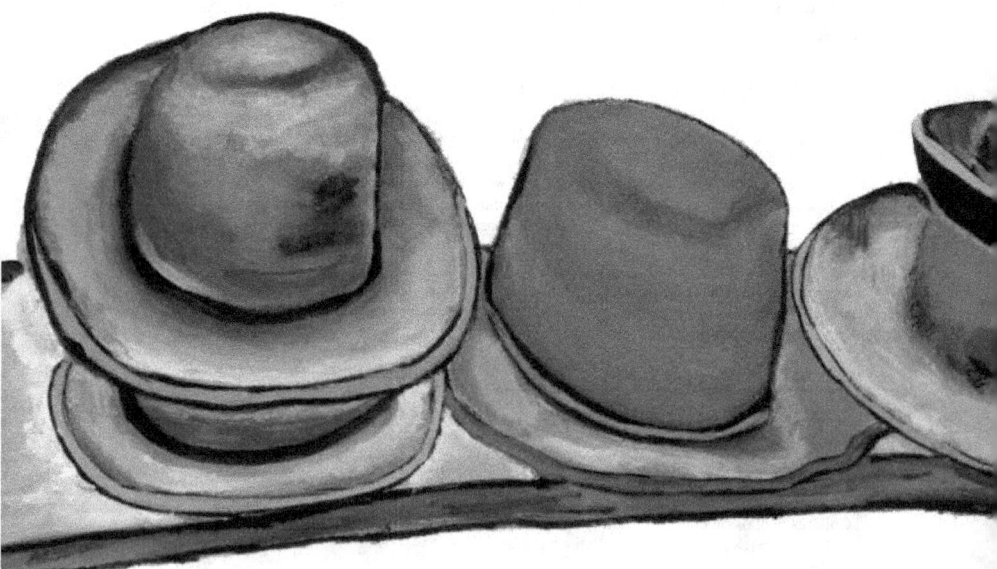

[24] *Totora* (*schoenoplectus californicus*) is a tall, thin and dark green water plant found in marshy areas throghout the Americas.

5 Vestimenta de hoy y antes
Relatado por/ Told by: Lucía Gonza

Ahoraka sobre vestimentami dezigrijuni uno poquitogota.
Vestimentaka aqui nuestro pueblo Cayambipaka nosotros
indigenakunapaka anaco prensadami centro ahoraka
dezinchi.mas anteska, anaco dezinami ese nuestro abuelokuna,
ese anacokunaka de lana de borregomi kashka dezin y mas
pesado anacokuna. Ahoraka Indulana anacotami poninchi.

Mas antes gentekuna nuestro abuelokunaka mas bueno
anacota poninkashka, camisatapish asillata manopi cozishkata
poninkashka, rebozotaima poninkarka y sombreroka,
sombrero de palo karka. Ese sombrero de paloka, ese lana
borregowanmi azinkarka ese sombrero de paloka.

Y asillata alpargatestapish, alpargates de cabuyatami
poninkarka nuestro abuelokuna. Y calzontapish blanco
calzonta, camisatapash blancota, punchuta, sombrerotapash
bueno sombrerotami poninkarka.

Ahoraka, nuestro genteka yanga finito planchashka
centrota poninchi ya no anaco dezinchichu, ya ahoraka
'centrotami' dezinchi y asillata camisatapish borrdado a
maquina poninchi. Y fachalinatapash, alpargartestapash
somberotapash y sombero mariscaltapash poninchi. Ahoraka
ya no ese otro sombrerokunataka no poninchichu. Asillata
jarikunapash ponen zapatosta, pantalonta, chompata pero ya
sombrerokunata, y ya no poninchu nuestro este joven tiempo.
Ese joven gentikunaka y asillata bailangapaka yami alistashka
instrumentota nuestro ese gentekunaka guitarrawan,
charangowan, bombokunawan, esekunawanmi ya ahoraka
bailashpa andan.

Español: Confección de trajes de ayer y hoy

Ahora voy a contar acerca de la vestimenta de nuestra gente.

Los indígenas del pueblo Cayambe usamos *anaco*[25], que ahora se lo conoce como centro prensado. Antiguamente nuestras abuelas se ponían *anaco* de lana de borrego, lo que los hacían más pesados, mientras las jóvenes de este tiempo solo usan *anaco* de Indulana[26].

La generación de nuestros abuelos vestía *anacos* de mejor calidad, camisas cosidas y bordadas a mano, rebozos largos y sombreros de palo. Los sombreros de palo eran hechos con lana de borrego.

Nuestros abuelos también usaban alpargates[27] de cabuya y también vestían calzón y camisa blanca, poncho y sombreros, muy lindos.

Ahora las mujeres se ponen finos planchados, que hoy en día ya no se llama *"anacos"* sino *"centros"*. Visten también blusas bordadas a máquina, chales, *alpargates* y otro tipo de sombrero que se llama *Mariscal*[28].

Los jóvenes de hoy no usan sombrero; usan zapatos, pantalón y *chompa*[29]. También se han cambiado las costumbres, antes las personas usaban sus vestimentas para salir con los instrumentos musicales como: guitarra, charango y bombos; mientras que hoy en día los jóvenes solo se van a bailar.

English: Clothing then and now

I'm going to talk a little bit about the traditional clothing of our people, the Cayambi.

Nowadays, our indigenous *anaco*[30] skirts are called 'centre-pressed' skirts. In the past, it was said that our grandmothers' *anaco* skirts were made of sheep wool and weighed a lot more. Today we wear *anaco* skirts made from Indulana[31] fabrics, but our grandparent's anaco skirts were of better quality.

They would also wear hand-sewn blouses, large *rebozo*[32] scarves, and a special hat called a 'Stick' hat[33]. Like their skirts, these Stick hats were made of sheep wool.

Our grandparents would also have worn *alpargate*[34] sandals made from fique fibre. In addition, they would have worn white undergarments, white blouses, ponchos and fine quality hats.

---

[25] Tela rectangular que a modo de falda se ciñen las indígenas en la cintura.

[26] Compañía ecuatoriana que fabrica tejidos de lana.

[27] Los alpargates son el típico calzado de la vestimenta indígena ecuatoriana. Originalmente hechos de yute, material que se ha reemplazado por lona.

[28] Sombrero actual que ha reemplazado al sombrero original de la vestimenta indígena que era hecho con lana de borrego.

[29] Expresión coloquial en Ecuador para referirse a una chaqueta.

[30] The name of a specific skirt worn by many the Kichwa women in the Andes.

[31] Today most *anaco* skirts are made from factory-made wool or acrylic cloth woven in Quito. Indulana is the name of the manufacturing company in Ecuador.

[32] A special scarf-like clothing item typically worn by the Cayambi people. It's often times used during festivals and parties.

[33] A 'Stick' hat or *sombrero de palo* refers to the hats worn by married Cayambi men and women.

[34] The name of the sandals worn by many of the Kichwa people in the Andes.

14

These days our people wear fine centre-pressed skirts that we no longer call *anacos* but rather 'centres' and we also wear machine-embroidered blouses. In addition, we wear shawls, sandals, and a hat call a 'Mariscal' hat.

When it comes to the men, they now wear shoes, pants, jackets and hats but the younger generations no longer wear our traditional hats. Other customs have changed as well. The youth used to get dressed up and go out with their instruments (like guitars, charangos and drums) but nowadays, they just go out dancing.

6 Mediano
Relatado por/ Told by: Lucía Gonza

Entonces ahorami hablagrini acerca de mediano conpadrekunata cogingapa matrimoniopa, bautizopa, confirmacionpa.

Conpadrita cogingapa uno matrimoniopami medianoka andana vente-cinco gallina, vente-cinco cuy, dos quintal papa y uno chiquito ollawapi pipa de zambotami llevarin zarzata azishpa. Y asillata cien huevo y uno poma trago, uno poma chicha y uno jaba cerveza.

Y asillata bauitzo conpadrita cogingapapash huahuaman cogingapapash asillata ina quince cuy, quince gallina, uno quintal papa, uno jaba cerveza y cien huevo.

Y asillata confirmacionpapashmi andana vente gallina, vente cuy, dos quintales de papa, uno jaba cerveza y cien huevo y asillata zarzakuna todo esekunawanmi andarin llevashpa. Crudota llevashpa andan huaquinka cozinashkata llevashpa andan o sino chaupi crudo, chaupika cozinashkata llevashpa andarin.

16

Español: Mediano

Ahora voy a contar acerca de una ofrenda que se llama *mediano*[35], la cual el padrino o compadre tiene que preparar para un matrimonio, bautizo o una confirmación.

El padrino o compadre prepara el mediano para un matrimonio reuniendo y regalando: veinticinco gallinas, veinticinco cuyes, dos quintales de papa y una olla pequeña de *zarza*[36] de pepas de sambo, además lleva cien huevos, una poma de alcohol, una poma de chicha[37] y una jaba de cerveza.

Para el bautizo el compadre tiene que regalar al niño: quince cuyes, quince gallinas, un quintal de papas, una jaba de cerveza y cien huevos.

Para la confirmación el mediano del compadre consiste en: veinte gallinas, veinte cuyes, dos quintales de papas, una jaba de cerveza, cien huevos y salsas de zarza.

Algunas de estas ofrendas se llevan crudas, otras cocinadas y otras cocinadas a la mitad.

English: Mediano

Now I am going to talk about a gift called the *mediano*[38] that a Godfather has to prepare for a wedding, baptism or confirmation.

For a *wedding-mediano*, a Godfather must gather and present: twenty-five hens, twenty-five guinea-pigs, two sacks of potatoes, and a bowl of *sambo-seed zarza*[39] sauce. In addition, he must bring a hundred eggs, a barrel of alcohol, a barrel of *chicha*[40], and a case of beer.

A *baptism-mediano* is similar. Here the Godfather must give the child: fifteen guinea-pigs, fifteen hens, one sack of potatoes, a case of beer and a hundred eggs.

A *confirmation-mediano* typically consists of: twenty hens, twenty guinea-pigs, two sacks of potatoes, a case of beer, a hundred eggs, and *zarza* sauce. Some of these items are brought raw, some are cooked and others are brought half-cooked.

---

[35] Mediano es la ofrenda que tiene que ser presentada por el padrino en las ceremonias religiosas.

[36] Salsa hecha con pepa de sambo.

[37] La chicha es una bebida fermentada hecha de maíz mezclada con o sin alcohol.

[38] A *mediano* is a gift consisting of various food items which presented by the Godfather of religious events.

[39] A sauce made from *sambo* seeds. *Sambo* is known as a "winter melon" in North America. Young *sambo* tastes like and can be prepared like zucchini. Once ripened, its outerlayer resembles that of the spaghetti squash. In colonial times all types of gourds were referred to as *calabazas*.

[40] *Chicha* is a fermented beverage often made from corn traditionally consumed throughout South America. It can be mixed with or without alcohol.

7 Matrimonios
Relatado por/ Told by: Lucía Gonza

Ahoraka sobre mantrimoniomi uno poquito dezigrijuni.

Aqui nuestro comunidadpika, como dezirka pedingapa manota ishpa nobiapakman papasukunapaman ishpaka, nobiopa gentika andanmi llevashpa pan, platanos, naranjami asi poquitogota llevashpa andan, ya dentrangapa. Dentrashkapa despuesmi, ya vuelta, ese registropimi casarachigrin.

Registrapa despuesmi ya ahoraka casarachin vuelta iglesiapi, ya casarachina ahoraka iglesiapika gastotami dagrina nobiapa parte arto. Nobiapa parte gastota botashpami llevashpa andan uno pierna ganado o cabeza de ganado. Y asillata llevashpa ina a unos diez o doce costales de naranja, unos veinte cabezas de platano, unos quince costales de pan. Ese panka, trigo pantami azina; ese panka de sal, de dulce, asillata nobiapa achimamaman entregangapami tazapi llevana aparte ese nobiapa tasata. Ese nobia tasapimi andan pan, platanos, aguacate, uva, manzana, pepino, naranja, esekunami platanos rosado, esekuna nobiapa tasapi andan.

Uno tasa o dos tasami, nobiapa tasa in aparte entregangapa nobiokunami, gastan nobiaman nobiapa papasukunaman.

Diaymantami ya asi gastashkapa despuesmi ya vuelta iglesiapi casarachin. Iglesiapi asi, casarachingapa asillatami vuelta otro poquitota maniay dan. Ese maniaymi andan poquito platanos asillata volundata tinishpaka vuelta otro brazo de ganadoima dana asillata naranja, platanos, asikuna andana.

Diay si, dinochepish y asi nobiataka nobiapa achimamakunami altarta azin. Asi casashna altarwata azishpami nobiatatak ay adentropi sentachin. Diaymanta nobio gentikuna venishpa padrenowan, madrenawan venishpami vuelta nobiatak ese altarmanta sacan.

Asillata, ese dinoche maniaywan ishpa nobiata altarmanta sacangapapish andan acordionwan, guitarawan asi bailashpami andan esemanpish. Ya vuelta alotro diami vuelta dinocheka tomashpa asi amanecen bailashpaka gentewan.

Diaymanta alotro diaka ya vuelta, igelsiapimi matrimoniopacha kan ya misawan; todo misaka matrimonio. Ese diaka ahora este tiempoka ahoraka orquestawanmi matrimoniotaka ya no antes no kanchu mas anteska bandawanmi azinkarka. Ahora padrenokunaka ahoraka orquestatami pagan uno dia o dos diata pagan. Ya ese diaka de iglesiapaka orquesta alotro dia carata lavachingapa. Ese diaka y dinochekaman amanecirin bailashpami kana. Todito familiakuna asillata compañangapaka irin nobiaman regalowan nobioman cervezawan tragowan. Y otro familiaman vuelta asillata llevana kashpaka cubeta huevogowan, asimi andarin.

Diaymanta ya aypi compañashpaypipish nobiapa casapika coladata primeritomi dan; caldo de gallinata. Diaymantami secoka, mote, hornadowan papawan. Asillatami vuelta danchi coladata cuywan huevowan asi. Diaymantami despuesmi bailanchi. Bailashpa compañashpami dinochekaman veninchi.

Diaymanta ya alotro diaka ya nobiokunata carata lavachingapa llevan abajo quebradapi. Ahipimi lavachin florwan ortigawan asillata aymanpash, acordionwan guitarawanmi andan carata lavachingapa nobiokunata. Diaymantami ya carata lavachishpa abajo quebradapimi vueltaka nobiapa casaman venina nobiapa papasukunapakman.

Aymanmi, nobiopash aradota azishpami cargachin. Chiquito huangu leñawata y aradota, puyata, madrinapash, nobiapash, padrinopash cargan huangu leñata. Diaymanta asimi acordionwan bailashpa volvina nobiapak casaman. Diaymanta ahipi llegapimi nobiapa mamami asillata atendena, padrinokunaman y todito familiakunaman. Arto comidata azinkanchi. Caldo de gallina, mote, ornado, papa, colada, cuywan asi todo.

Y Diaymanta ya asi dashpami ya vuelta orquestrata padrino vuelta alotro dia pagashkakpika alotro dia vueltami compañashpa bailashpami caynanchi esemi ultimo dia kan.

Español: Matrimonios

Ahora voy a relatar acerca de nuestras tradiciones del matrimonio. El primer evento en nuestra comunidad es pedir la mano de la novia. El novio va a pedir la mano con sus padres y con algunos familiares; estas personas llevan pan, plátanos y naranjas. A continuación los novios tienen que ir a casarse al Registro Civil.

Después del matrimonio en el Registro Civil se realiza el matrimonio por la Iglesia, pero antes la familia de la novia contribuye con el gasto[41] que consiste en una pierna de ganado, cabeza de ganado y es común llevar otros presentes como: diez o doce costales de naranja, veinte cabezas de plátano[42] y quince costales de pan; el pan puede ser de sal o de dulce.

Además se prepara una o dos canastas adicionales que serán entregadas a la novia y a los padrinos de la novia. Estas canastas se llenan con: plátanos, aguacates, plátanos rosados, uvas, manzanas, pepino y toda variedad de frutas.

Si hay buena voluntad se recibe más presentes como: plátanos, otra pierna de ganado, naranjas y otros presentes.

En la noche antes de la ceremonia en la iglesia, las madrinas de la novia hacen un altar para que se siente la novia, esto es parte de la tradición. A continuación la familia del novio llega junto con sus padrinos, sacan a la novia del altar y le dan un pequeño presente.

Los músicos empiezan a tocar los acordeones y las guitarras y bailan para los novios, la pareja de novios continúa bailando y tomando con los invitados hasta la madrugada.

Al día siguiente se realiza el matrimonio por la iglesia y se contrata una orquesta por uno o dos días. Al otro día muy temprano se realiza el *ñavimayllay*[43]; para este ritual todos los familiares amanecen bailando para acompañar a los novios en esta ceremonia. Para continuar con la celebración los familiares llevan presentes para la novia, cerveza y alcohol para el novio. Otras familias regalan cubetas de treinta huevos y otros regalos.

La familia de la novia sirve como primer plato a los invitados: la colada[44] y el caldo de gallina, luego, como segundo plato se sirve el hornado con mote y papas. En otras ocasiones se sirve colada con cuy y huevos. Después de la comida todos los invitados bailan hasta el amanecer.

---

[41] El gasto es la contribución de la familia de la novia para la celebración del matrimonio y normalmente consiste en: una pierna de ganado, cabeza de ganado, quintales de naranja, plátanos, pan y otras frutas.

[42] Rácimos de plátanos.

[43] Ritual que se realiza al siguiente día del matrimonio eclesiástico y consiste en lavarse la cara en una vertiente de agua. En este ritual participan los novios.

[44] Sopa tradicional hecha a base de harina de granos como: habas, porotos, arvejas, maíz sazonada con comino.

Al día siguiente, los novios son llevados a la quebrada para realizar el ritual de la lavada de cara o *ñavimayllay*, con flores y ortiga. Durante esta ceremonia los músicos tocan el acordeón y la guitarra; terminado el ritual, los novios regresan a la casa de los papás de la novia. En el camino de regreso a casa, es tradición que el novio cargue un azadón, un guango de leña y un pico, ya que, la mamá de la novia atiende a los padrinos y al resto de la familia. Para esta ceremonia se hace bastante comida que normalmente incluye: caldo de gallina, mote, hornado, papas, colada y cuy.

Para finalizar, el padrino paga a los músicos y se continúa bailando hasta la madrugada.

English: Weddings

I would like to talk a bit about our wedding traditions.

The first measure of order in our community is the groom must ask for the bride's hand in marriage. He goes with his father, mother and a few other family members who come bearing food items like bread, plantains and oranges. Next, the couple marries at the civil registry.

After the registry, the groom's family comes bearing more offerings, such as a leg or head of cattle[45] before the ecclesiastic wedding takes place. In addition, it is common to bring ten to twelve sacs of oranges, about twenty bushels of plantains, and around fifteen sacks of bread (this is typically sweet or salty wheat bread).

These items are divided up and given to the bride's godmother on a platter. On a separate platter, known as the 'Bride's Platter, plantains, avocados, grapes, apples, cucumbers, oranges and red bananas are presented to the bride.

After these offerings have been given, the couple marries at the church, where yet another offering is given. This one typically contains plantains. If those providing the offering are willing, another large leg of cattle may be given along with oranges, plantains and other similar items.

The evening before the church ceremony, the bride's godmothers[46] construct an altar. This alter resembles a small house and is built for the bride to sit inside. Next, the groom's side of the family comes with the godfather and godmother of the wedding and take the bride from the altar. To do so, they come bearing an offering.

There will be musicians with accordions and guitars, and the guests will be dancing for the bride. The couple stays up until the early hours drinking and dancing with the guests.

The church wedding and mass take place on the following day. Nowadays, there is a large band— not like in the past when it was just a few people with their instruments, which the godfathers hire for one or two days. On the first day, the musicians play at the church ceremony and the following day they play at the facing-washing ceremony. On the wedding day everyone stays up until the early hours dancing. To participate in the festivities, all the family members come bearing gifts for the bride. They bring beer and alcohol for the groom. Other families might bring a tray of 30 eggs or something similar.

---

[45] These are the names of specific quantities of meat—not a literal a 'leg' or 'head' of cattle.

[46] There are multiple godmothers at the wedding, including the bride's baptism godmother, and first communion godmother.

Next the bride's family, who stayed home cooking, gives out *colada*[47] and chicken soup. The next dish to go out is the entrée which typically consists of hominy served with roasted pig and potatoes. Sometimes we might serve guinea pig with a side of fried egg. After the meal we dance; all the guests dance until nightfall.

On the following day, the couple is taken down to the ravine for the face-washing ceremony. At the ravine, their faces are washed with flower and nettle. Musicians play the accordion and guitar during this ceremony. After it concludes, they return to the bride's parent's home. On the way to the house, it is traditionally expected that the groom carries a plough. A small bundle of firewood and pickaxe are to be carried by the godparents and the bride as well. Once they arrive, the bride's mother attends to the godparents and the rest of the family. For this event, we make a lot of food which typically includes, chicken soup, hominy, roasted pig, potatoes, *colada*, and guinea pig.

Finally on the last day, if the godparents paid the musicians for an additional day, they continue to play and the guests dance until the early morning.

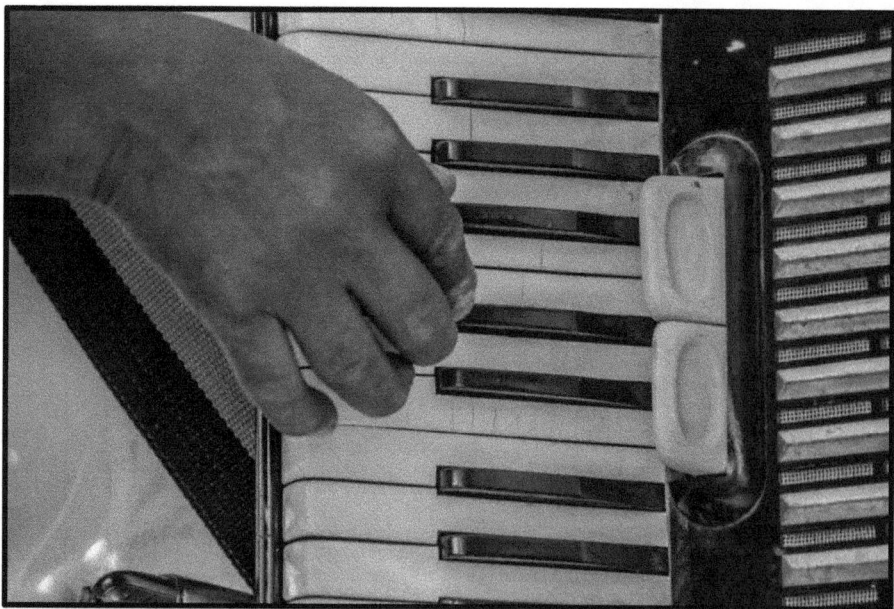

---

[47] *Colada* is a traditional soup made from condensed flower, barley, fava beans, kidney beans, green beans, corn, and cumin, not to be confused with *colada morada* or the *colada* drink made from oats and *naranjilla* (also known as *lulo* or *Solanum quitoense*) in Ecuador.

8 Yopa matrimonio
Relatado por/ Told by: Anita Cañarejo

Yotaka mio suedraka casarachirkami padrenowan padrenoka bombowan flautawanmi casarachirka San Pablopi. Diaymantami estancppi tomangapa irkanchi. Caminotami juizota bailshpa bombowan flautawan ve nirkanchi casaman. Diaymantami diunavez bailashpa caynarkanchi amanecen.

Alotro diaka carata lavachingapa diunavez ortigawanmi llavarka bañachingapa atras quebradapimi bañachigrin noviota madrinata padrinota y noviata. Aypi bañachishpami ya casaman venishpami padrinopa casaman andan. Ya diaymantami acabarin.

Español: Mi Matrimonio

Mi matrimonio tuvo lugar en San Pablo, mi suegra escogió a mis padrinos y contrató bombos y flautas para la ceremonia. Después del matrimonio fuimos a tomar a una cantina para celebrar. De regreso a casa bailamos mucho mientras los músicos tocaban y continuamos bailando hasta la madrugada.

Al día siguiente nos llevaron a la quebrada junto con nuestros padrinos para cumplir la ceremonia de lavar la cara (*ñavimayllay*[48]), ahí fuimos bañados con ortiga.

Para finalizar después del ritual nos dirigimos a la casa de los padrinos. Así fue mi matrimonio.

English: My wedding

For my wedding, which took place in San Pablo, my mother-in-law selected our godparents and provided flutes and drums. After the wedding, we went to the canteen to drink. On the way home, there was a lot of dancing as the musicians played drums and flutes. We stayed up dancing until the early morning.

On the following day, we were brought to the ravine along with the godparents for the face-washing ceremony where we were bathed with nettle.

Finally, after having been bathed, we went to the godparent's house. That was my wedding.

---

[48] Ritual que se realiza al siguiente día del matrimonio eclesiástico y consiste en lavarse la cara en una vertiente de agua. En este ritual participan los novios.

9 Tradiciones de Velorio
Relatado por/ Told by: Lucía Gonza

Asillata aqui mio comunidadpi asi cuando quienpash morikpika asillata familiakuna morikpika, aqui mio comunidadpi costumbre asimi kan.

Morishka ese diaka alotro diaka veloriomi kan. Ese velorio diaka todito jarikunami, si mio tio morishkakapika, todito mio hermanokunami apita dana. Coladata o apitami dana, todito jarikuna, ayjadokuna kashpa ayjadokuna dana ñietokuna y hermanokuna, sobrinokuna y asillata warmi gentikuna no darinchu. Asi warmikunaka no darinchu asi ese apikunataka solo jari gentikunallami dan esekunataka.

Diaymanta esetaka todito familiamanmi repartin.

Ese velorio de nocheka diunavez todito entre nosotros asi familiakunami repartishpa probarin toditopa que como nochu bueno asi comidakunataka de todo clase. Diaymanta ya asi acabashpa ese comidakunaka algunoska maiz comidata azin. Algunoska morochuta lechiwan azin. Algunoska avena comidata dulciwan azin. Algunoska colada moradata. Algunosta canelata, gallitaswanmi dan.

Todo esekunatami nosotroska venchi asi velorio tardekuna dakpika pero esetaka todito ese jari gentikunallami dan. Y asillata ya ese velorio de nocheka jugashpami chungan, apostashpa juegokunata algunos jari algunos hombrekunaka quedan jugashpa.

Diaymanta alotro dia entierro diaka ya irin ese morishkataka llevashpa iglesiaman misaman irin. Ese misa acabarikpika ya sementerioman andanchi. Semeteriomanka todito familia, todito comunidad gentikunami cocabiwan andan. Asi quepash tostadogowan, motegowan poroto motegowan, chuklluwan, habas coznashkawan, papa coznashkawan, todo granokunata llevashpami irin sementeriomanka rezachingapa y asillata, ese cocabikunata llevashpaka ese dolienta tiamanmi danchi, ese viuda quedan. Ese tiaman o sinoka hijo mayorkuna abikpika ese mayor hijokunaman colago, vinoguima llevashpa y ese viudamanka danchi. Cocabigota dan asillata algunoskunaka colagotami dan.

Diaymanta ya entierro despueska vuelta casaman veninchi. Todito Familiakunata llevashpa carrota contractashpa veninchi dolientapa casaman. Diaymanta casapika asi comidagota azinchi, coladago azinchi, motigo, carnegowan papagowan asi ese entierro tardeka danchi. Ese chichagota coznashpa danchi.

Diaymanta entierro alotro diaka vuelta tomintami azinchi.

Alotro diaka, asillata hijokuna abishpaka hijokunami comidataka azin. Almuerzotaka asi familiawakunata invitashpa asi coznashun tominta azishun. Vuelta, elpa papasu morishkapa cozasgokunata repartin herramientakuna todo eses cozaskunata repartin.

Algunos tiokunaka vuelta pelianahun con "yoka no kirirkanichu aserukutaka terrenotami kirini, ese vacatami kirini" dezishpa pelianajun "con yomanka solo puercollata dajuhuangui. Voska vacata llevajungui" asi dezishpa pelenami abinata saben.

Español: Tradiciones de Velorio

Cuando un familiar o un miembro de la comunidad mueren, tenemos las siguientes tradiciones.

Un día después de que alguien muere se hace un velorio, en el velorio todos los hombres ya sean hermanos o primos del fallecido tienen derecho a dar un *api*[49]; si el fallecido tenía ahijados, nietos y primos, ellos también sirven el *api*. Todos tienen derecho a servir algo de sopa, excepto las mujeres, porque es una tradición solo de los hombres.

Más tarde se reparte la comida a todos los miembros de la familia.

En la noche del funeral el *api* se reparte a toda la gente; así todos pueden probar y decir si estuvo bueno o malo. Cuando se termina el *api* se come lo que otras familias han traído, por ejemplo: maíz, morocho con leche, avena, colada morada[50] o agua de canela[51] con galletas.

Normalmente todos hemos visto esto en una noche de velorio; los hombres son los que sirven la comida. Más tarde algunos hombres empiezan a jugar y apuestan en juegos como la *chungana*[52].

Al día siguiente es el entierro, los familiares llevan al difunto a la iglesia para la misa y cuando esta termina se realiza el traslado al cementerio. Los familiares y miembros de la comunidad llegan al cementerio con un *cocabi*[53], este consiste en: tostado, mote, poroto, choclos[54], habas cocinadas, papas y todo tipo de grano que puedan llevar para el momento de rezar. El *cocabi* se ofrece normalmente a la viuda del difunto, también se lleva cola y vino y se comparten con la viuda y con los hijos mayores del difunto.

Después del entierro, todos regresamos a la casa de la viuda en carros que se han contratado para este evento. Una vez que todos llegamos preparamos comida, por ejemplo: colada[55], mote, carne con papas y chicha[56] para brindar. Esta comida se prepara en la noche del entierro.

Al día siguiente se realiza la repartición de bienes del difunto.

Si el difunto tuvo hijos, estos preparan un almuerzo para los familiares invitados a la repartición de bienes.

Un hijo reparte las pertenencias del difunto como por ejemplo: herramientas y cosas similares.

---

[49] *Api* significa colada en kichwa y es una sopa tradicional hecha con harina de varios granos: habas porotos, arvejas, maíz sazonada con comino.

[50] Colada morada es una bebida ecuatoriana hecha con moras y mortiños. Se añaden diversas especias como: canela, pimienta dulce, clavo de olor y panela.

[51] Agua de canela se refiere a té o infusión de canela.

[52] *Chungar* significa apostar en kichwa. *Chungana* es un juego de velorio.

[53] Comida comunitaria. La gente indígena siempre acostumbra llevar comida al cementerio el día del entierro y se reparte entre todos los presentes.

[54] Término derivado del kichwa usado para el maíz en Ecuador.

[55] Sopa tradicional hecha con harina de varios granos: habas, porotos, arvejas y maíz.

[56] La chicha es una bebida fermentada hecha de maíz mezclada con o sin alcohol.

Algunas personas empezarán a discutir y dirán: ¡yo no quiero esas cosas viejas, yo quiero ese terreno o esa vaca! o también dirán: ¡a mí solo me das el chancho y tú te llevas la vaca!

English: Funeral Traditions

Here in my community when someone, like a family or community member dies, we have the following traditions.

The day after someone dies, we have a funeral. On this day, all the men, whether they be brothers or cousins of the deceased, are given an api^{57} soup. If the deceased also had godsons, grandchildren or cousins they are also given this soup. Everyone is given some except the women. Women aren't given api because it is a male tradition.

Later in the day, food is given to all the family members.

The night of the funeral, the api is then dished out so everyone can get a taste and see if it was good or not. After there is no more api soup, some people make food from corn. Some will make $morocho^{58}$ with milk, others will prepare $avena^{59}$, some may bring $colada\ morada^{60}$ while others will serve a cinnamon infusion with crackers.

We will typically see all of this on the evening of a funeral, but this time, it's the men who serve the food. Sometimes, some of the men will stay behind playing betting games such as $chungana^{61}$.

The following day is the burial service where the family takes the deceased to the church for mass. When mass is finished, they go to the cemetery. Once there, all the family members and all the deceased's community arrive with an offering. This often times consists of fried corn nuts, hominy, and hominy with beans, corn, cooked fava beans, cooked potatoes and other types of grains used during the prayer. We then give this offering to the grieving widow. Wine or soda is also brought and given to the widow or any older children of the deceased.

After the burial, we return to the widow's house. All the families return with cars they rented for the service. Once at her home, we prepare foods like: *colada,* hominy and meat dishes with potatoes. This is prepared on the evening of the burial. We also cook $chicha^{62}$ for them.

The day after the burial, they probate the deceases goods.

On this day, if he had children, they will prepare food. We will cook a lunch at the probate for the invited family members.

A child of the deceased will distribute his things, for example his tools and other similar items.

Some men will get into arguments as well. They'll say, "I don't want that old thing! I want that plot of land and that cow!" They'll usually say things like "You only gave me a pig and you're taking a cow!"

---

[57] Quichua for *colada,* a traditional soup made from condensed flower, barley, fava beans, kidney beans, green beans, corn and cumin.

[58] *Morocho* corn is a type of dried cracked hominy.

[59] A traditional drink made from oats and *naranjilla* (also known as *lulo*).

[60] A traditional drink made from a variety of berries mixed with spices e.g., cinnamon , aniseed, sweet pepper.

[61] *Chungana* is a game which involves corn kernels that have been burnt black on one side and remain white on the other. Players are divided up into teams with an equal number of kernels. Each team individually throws them all at the same time on to a white sheet. The winning team has more white kernels than back and gets to smack the losing team on the hands.

[62] *Chicha* is a fermented beverage often made from corn traditionally consumed throughout South America. It can be mixed with or without alcohol.

27

10 Wawago Morikpika

Relatado por/ Told by: Anita Cañarejo

Wawago morikpika veloriogotami azin; este guitaragowan flautagowan tarde veloriogota azishpami.

Para mañanaka wawagotaka enterrongapa inchi San Pablopi y juizo juizota bailashpami enterronchi panteonpika.

Despues Enterrashpaka ishtankukunapi ishpami tomashpa bien chumashpami amanecishpa. Para mañana veninkarkanchi San Pablomantaka casaman vuleta casapipash tomangapak familiakunawan.

Wawago morikpika veloriopika diunavezmi ortigawan ortigan chakigokunapi caragokunapimi. Diunavez ortigayshpami bailashpa amanecen velorio dinocheka. Diayka mañanaka enterrangapa inchi asillata guitarawan tokashpa bombowan bailashpami enterranchi.

Español: La Muerte de un Niño

Cuando muere un niño, se hace un velorio en la tarde y se acompaña con guitarras y flautas.

Al siguiente día van a San Pablo para realizar el entierro, allí se baila cuando se está enterrando al niño.

Después del entierro, las personas que asistieron se dirigen a una cantina a tomar hasta el siguiente día. A la mañana siguiente nos dirigimos desde San Pablo hacia la casa de la familia del niño fallecido para continuar tomando.

Cuando un niño muere, en el funeral es común ortigar en los pies y en la cara. Siempre se amanece cantando, bailando, tocando la guitarra y los bombos en la noche del velorio.

English: The Death of a Child

When a child dies they have a funeral which takes place in the evening with guitars and flutes.

On the following morning, we go to San Pablo for the burial and there's a lot of dancing at the cemetery as we bury the child.

After the service, those who attended go the cantina and drink until the next day.

On the following morning, we would go from San Pablo to the house of the deceased child's family to drink with the family.

When a child dies, the parents' of the child are hit in the feet and face with nettle at the funeral. The night of the funeral, the attendees always stay up until the early hours singing, dancing and playing the guitar and drums.

11 Juegos de Velorio
Relatado por/ Told by: Lucía Gonza

Aqui mio comunidadpika asi gente morikpi, ayka ese
velorio tardeka ese algunos hombre gentikuna quedashpaka
jugangapami ponen; asi maizta tostashpa uno ladotaka negro
otro ladotaka blanco quedan maizka. Ese maizwanka asi uno
mesawatami azishpa jugan. Ese juegoka llamanmi
"Chungashpa Jugashun" dezishpa, (pero chungar es en
kichwa); ese juegoka 'Apostashpami Juganchi' dezishpami.

Ese maiztaka uno ladoka blanco otro ladoka negro
quemachin; diaymanta ese jarikuna quedashpaka jugan asi
mesapi ponishpa. Ese mesapika uno blanco mantelista tendin.
Diaymantami ya asi bastantita tostashpa ese maiztaka ponen.
Diaymantami repartin ese, cuanto jarikuna abishka ese
veloriopi repartin. Diaymanta ese jarikunaka asi jugashpaka
vuelta ganan uno de elloska ganan. Diaymanta ganakpikapa
asi manotaka, asi aqui codokamanmi alzan asi chumpata o
sacota alzashpakapay asi ese perdedortaka fitas fitasmi asi
pegan dedowan. Pobre ese perdedorka asi perdishpa siguen asi
perdishpa siguekpika. Este manoka ese perdedorpaka asi
diunavezmi inchan diunavez pegayta pegashkashnami inchan;
daymanta vuelta ya asi ganashpa ganadortaka. Ya asi
acabashpa ese juego ya algunoska ganador algunoska
perdedorkuna.

Diaymanta ese dinochika ya ese juego acabakpika
quepash asi juegokunata vuelta azin. Otrokunaka domikpika
carataka negrotami azishpa pintan osinoka pieskunatapish
cabuyawan amarashpa dejan o algunostaka manotapish
amarashpa dejan; veltapash pintan osinoka algun chisteta
azishpa como mentishpami vuelta levantachigrin. Y asika
vuelta mio cuñadallatami asi pasarka, mio cuñada Juanita. Asi
abuela morishka kakpika asi dormijushka dezin; diayka, otro
elpa primo venishpaka "Juanita Junita, dice que venga a
comer!" dezishka dezin. "Pero la una de la mañana kashka"
dezin. "Levanta! Veniy a comer!Vciniy a desayunar!"
dezishka. Ellaka dormishpawanmi bajajushka dezin
comingapa desayunangapa. Diayka cozinakpika nadienmi no
avishkachu dezin.

Asi ese chistekunatami ese velorio dinochika amanecen. Diaymanta, otrokunata otro perdedorkuna abikpika, uno lomamanta vuelta gritachunmi mandan.

Diaymanta vuelta otro perdedorka, cual casamanpish llegashpa gallina o cuytaima traimugrin dezishpami mandan ese perdedortaka o otrokunataka "Tostadota anday traimungui." o "Motetami kirinchi." dezishpa mandan dezin.

Y asi este juegoka aqui mio comunidadpika asi velorio tardekunaka.

Español: Juegos de Velorio

En mi comunidad cuando alguien muere, la noche del funeral algunos hombres se reúnen para participar en juegos. Este juego se llama *Chungashpa Jugashun*[63]; donde *chungar* proviene del kichwa y significa "apostar". Nosotros le llamamos a este juego en Media Lengua: *Apostashpa Juganchi*[64].

En uno de estos juegos se usan granos de maíz tostados, y se obtiene un lado negro y el otro lado blanco, se usa una mesa para lanzar el maíz. Los hombres empiezan a jugar en la mesa, esta se cubre con un mantel blanco y se dividen los granos de maíz entre todos los hombres que están en el funeral, los hombres juegan hasta que uno de ellos gana una mano; el perdedor tiene que alzarse las mangas del saco o *chompa*[65] hasta el codo y él o los ganadores le pegan con los dedos en el antebrazo o en la mano. Me siento mal por el perdedor, ya que, si continúa perdiendo le van a seguir pegando; las manos del perdedor se hinchan rápidamente por los golpes. El juego termina con algunos ganadores y algunos perdedores.

Cuando llega la noche se dan cuenta que pueden hacer otros juegos. Por ejemplo: mientras algunos están durmiendo les pintan la cara de negro o les amarran los pies con soga y a veces les amarran las manos y les pintan la cara al mismo tiempo. Luego les hacen bromas contando mentiras como diciendo que su mamá les estaba llamando. Esto es lo que le pasó a mi cuñada Juanita, ella contó que en la noche del funeral de su abuela se quedó dormida y de repente uno de sus primos llegó al cuarto y le dijo: Juanita, me dijeron que te diga que vengas a comer y ella piensa que debe ser la una de la mañana; su primo le dice: ¡levántate, ven a comer es hora de desayunar!; entonces ella entre dormida y despierta baja a desayunar y encuentra que nadie preparó desayuno y nadie le mandó a decir nada.

Ellos juegan durante las noches de los funerales. También se envía a alguno de los perdedores a traer un cuy o una gallina de cualquier casa cercana o también envían a otros perdedores a traer otras cosas diciendo: ¡tráenos tostado! o ¡queremos mote!

Estos son los juegos que tenemos en nuestra comunidad en la tarde o noche del funeral.

---

[63] Es una expresión donde la primera palabra proviene del kichwa y la segunda de media lengua. Se traduce como: "Debemos jugar apostando" o "un juego de apostar".

[64] 'Apostashpa Juganchi' se traduce literalmente al español como: nosotros jugamos apostando. No se sabe por qué la persona que relata cambió el tiempo gramatical en la traducción de kichwa a media lengua.

[65] Una palabra prestada del kichwa en Ecuador para referirse a una chaqueta.

English: Funeral Games

In my community, when someone dies, some of the men will get together and play games on the evening of the funeral. They will toast one side of a bunch of corn kernels so that one side is black and the other side remains white. They play this game on a table with the corn. We call this game *'chungashpa jugashun[66]'*, where *'chungar'* is a Quichua word meaning 'to bet', so we would call it *'apostashpa juganchi[67]'* in Media Lengua.

Now that one side is burnt black and the other side white, the men begin to play at the table. On the table a white table cloth is laid out and a bunch of the toasted corn is placed on top. The kernels are then divided up among the men at the funeral. They then play until one of them wins. When one wins, the loser has to roll up the sleeves of his coat or sweater to his elbows, and then SMACK! Then he gets hit on his hands or forearms by the winner(s). I feel bad for the loser, especially if he keeps losing and has to keep getting hit. The hands of the loser swell up right away from the winner's blows.

When the game ends, some people are winners and some are losers. A few of the losers of the game are also sent to a random house to take a hen or guinea-pig. They'll send another one of the losers or another person saying "Go get us some fried corn nuts!" or "We want some hominy!" These are the types of games we have in our community on the night of a funeral.

At night, when the game ends, they figure out what other games or tricks they can do. For example, while the others are sleeping, they'll paint their faces black or they'll tie their feet up with rope. Sometimes, they'll even tie up their hands and paint their faces at the same time! They'll play jokes on a person by making things up like saying their mom was calling them. For example, this is what happened to my sister-in-law Juanita. She said that on the night of her grandmother's funeral she had been sleeping and one of her cousins came into her room and said, "Juanita! I've been told to tell you to come and eat!' but she answered that it was only one in the morning. Her cousin then said, "Get up! Come and eat! It's breakfast time!" Half asleep she went down to eat breakfast. But nothing had been prepared and no one said anything to her.

They play these types of jokes all night long on funeral nights.

---

[66] From Quichua and Media Lengua, *Chungashpa Jugashun* literally translates to 'we shall play betting' or figuratively 'a betting game'.

[67] *Apostashpa juganchi* literally translates to 'we play betting'. Why the storyteller changed the tense from Quichua to Media Lengua translation is uncertain.

12 Inti Raymi
Relatado por/ Told by: Lucía Gonza

Ahoraka Inti Raymi fiestatami hablagrijuni. Inti Raymi fiestaka diunavez fiestami tradicional nuestro comunidadmanta. Nuestro tradicionta nuestro comunidadpi como tininchi asimi baileka Inti Raymi fiestaka. Diunavez San Juan llegamunkipika ropakunata tukuytami ya alistanchi todo ese fiesta diakunapak, fiesta de San Juanpak.

Diaymanta ese Inti Raymika en agradecimiento a nuestro pachamama, nuestro fiesta de sol, Inti Yayata, agradecingapak asillata nuestro cosechata. Y asillata nuestro cosechanchi ese maizgukunata bueno frutota dakpi asi tininchi. Asi esekunata asi agradecishpami nukanchika asi Inti Raymitaka bailanchi festejanchi nuestro comunidadpi.

Asillata Inti Raymika ya tiempomanta pachami asi venin ya Inti Raymi dezishka fiestataka ya San Juankuna empezanllama aquipika.

Y asillata empezanchimi San Juantaka vente-cuatromanta vente-sietekaman.

Esemi empezan primeritomi San Pablopi. San Pablo uno estadiopi Pusacu dezishka estadiopimi empezanchi vente-cuatro de Juniotaka diunavez entradakuna todito comunidadmantami entradakuna bailashpa guitarwan flautawan acordionwan rondadorwanmi bailashapa dentran gentekunaka todo comunidadkunamanta.

Ya vuelta ese diaka las dostami empezashpa las siete las ocho de la nochekaman acaban algunoska toda la noche amanecen bailashpa. Ya vuelta ya ese noche acabashpa alotro dia bente-cincotaka.

Vuelta otro estadiopimi abin San Pablollapita estadio Cusinpambapi. Aypipash asillatami entradakuna abin bailadorakuna, todo todomi andan disfrazahka Diablumakuna todo samarrowan pero bien vestidokunami andan ay ese estadiomanpish. Asillata presentacionkunata tukuyta azin aypipash. Diaymanta asillata bailan. Bailan de mañanamanta las dosmanta asillata las nuevekama asi bailashpa andan.

Vuelta alotro diapash vueltami ya otro abin Abatakpi. Abatamanpash ya asillata genteka salin todito comunidadmantami salin. Abatanmanpish bailangapaka asillata acordionwan guitarwan flautakunawan rundadorkunawan tukuywanllami salin. Ya vuelta ya aypipash acabarin dinochekaman ya todo, algunoska toda la noche asi amanacin bailashpa.

Diaymanta lagunapi ultimo dia aymanka rin todo gente todito comunidadkuna aypi ya ultimo diami kan. Aymanka mas gente andan. Ya aypipash ya ultimo diami kan ya acabarinmi todo. Ya ultimo diaka chilkopi pero ay ese chilkomanka ya no andanchu asi indigena comunidadmanta asi gentekunaka aymanka ese Otavalo gentekunallami reunirishpa bailan pero algunitoskunaka andanmi ñosotros comunidadmanta. Diaymanta asillata, ese grupokuna bailashpami Diablumaka bailashpami gentekunapa adelantepi in cuidashpa todito bailadorkunata.

Diablumaka uno caritashna asitami ponin. Diablumaka doce cachotami tinin. Ese doce cachoka significanmi meses del año, Enero, Febrero, Marzo, Abril, Mayo, Junio, Julio, Agosto, Septiembre, Octubre, Noviembre, Diciembre. Esemi dose cachuwan esemi Dabluma dezinchi nuestro comunidadpika. Y asillata elka cuidanami elmi ese caminokunata cuidashpa andan. Gentekunata asillata llevashpa completowan salin y asillata completomi regresan. Ya ese es acargo de Diabluma; elmi ya traeyamuna gentekunatapish toditota.

Español: Inti Raymi

Ahora voy a hablar de la fiesta del *Inti Raymi*[68], el Inti Raymi es una fiesta tradicional de nuestra comunidad. La tradición más notable es el baile del Inti Raymi. Cuando llega San Juan[69] alistamos toda la vestimenta para las festividades. Esta fiesta se celebra en agradecimiento a nuestra *Pachamama*[70] y al *Inti Yaya*[71] por las cosechas de cada año. Cuando sembramos el maíz, sabemos que la tierra dará buenos frutos; agradecemos en el Inti Raymi celebrando y bailando; gente de todas las comunidades cercanas entran bailando con variados instrumentos.

Las festividades de San Juan duran desde el 24 hasta el 27 de Junio en San Pablo.

Nosotros asistimos a San Pablo al estadio de Pusaco con un pase, el 24 de Junio; en esta fecha entramos bailando con guitarras, flautas y acordeones.

Dicha celebración empieza a las dos de la tarde y termina alrededor de las siete u ocho de la noche. Sin embargo hay personas que amanecen bailando; en este día que sería el 25 de junio, las festividades continúan en el estadio de Cusin Pamba en San Pablo; para entrar a este lugar se necesita tener un pase y adentro se encuentran danzantes disfrazados de *Diablumas* y visten *zamarros*[72]. Los que van al estadio están bien vestidos. En el estadio hay presentaciones y shows de todo tipo, se comienza a bailar a las dos de la mañana y se continúa hasta las 9 de la noche.

Al día siguiente, el festival se traslada a Abatac y al igual que en los otros lugares todos en la comunidad van a bailar con acordeones, guitarras, flautas, rondadores y todos nuestros instrumentos musicales. Este festival normalmente termina en la noche, pero algunas personas bailan hasta la madrugada.

En el último día todas las comunidades de los alrededores se reúnen en el lago. Este festival reúne más gente que en los otros festivales, ya que, es aquí donde los festivales empiezan y terminan. En este día la gente también se reúne en la comunidad de Chilco, pero no toda la gente indígena asiste. Este es un lugar de reunión para las comunidades Otavaleñas donde celebran y bailan, aunque algunas personas de nuestras comunidades también asisten. Grupos de personas también bailan con los *Diablumas*, cuyo trabajo es cuidar a la gente que asiste.

El disfraz del *Diabluma* es similar a la careta que toda la gente usa para este evento. Esta careta tiene doce cachos que representan los doces meses del año: Enero, Febrero, Marzo, Abril, Mayo, Junio, Julio, Agosto,

---

[68] En kichwa significa 'Fiesta del Sol'.
[69] Se cambió Inti Raymi por San Juan durante la conquista española.
[70] En kichwa significa 'Madre Tierra'.
[71] En kuichwa significa 'Padre Sol'.
[72] Diabluma significa cabeza de diablo. Zamarro son pantalones hechos con piel de chivo.

Septiembre, Octubre, Noviembre y Diciembre; estos cachos forman parte de lo que el *Diabluma* representa en nuestra comunidad. La responsabilidad del *Diabluma* es cuidar de la gente que va danzando en el camino, toda la gente que va con él tiene que llegar y regresar completa. El *Diabluma* se encarga de ir a dejar a todas las personas a sus casas.

English: Inti Raymi, The Sun Festival

I am now going to talk about the Sun Festival known as *Inti Raymi*[73]. Inti Raymi is a traditional festival in our communities. The most notable tradition in our community is our Inti Raymi Dance. As *San Juan*[74] arrives we prepare all of our clothes for the festival.

The Inti Raymi festival is to give thanks to our *Pachamama*[75] and *Inti Yaya*[76] for this year's harvest. Therefore, when we go to harvest the corn, we'll have a fruitful yield. It's for this reason that our communities give thanks, by dancing and celebrating, during Inti Raymi.

During this time of the year people start to come for Inti Raymi. The San Juan Festivals last from June 24th to June 27th and begin in San Pablo. In San Pablo there is a stadium called Pusacu and this is where we gather on June 24th. On this date, everyone from the community who has an entrance pass goes to the stadium, dancing alongside the musicians playing guitars, flutes and accordions. People from all of the surrounding communities enter the stadium dancing. This festival begins at 2 p.m. and typically finishes around 7 p.m. or 8 p.m., but some people stay up all night dancing. When this day has finished, the next day is the 25th.

On this day the festivals take place in another stadium called Cusin Pamba in San Pablo. To enter one also needs to have a pass. Once inside they see dancers dressed up as *Diablumas* with *zamarros*[77]. Everyone who goes to this stadium is very well dressed. There are all types of presentations and shows at the festival. The dancing begins in the morning and goes until two in the afternoon or even sometimes until nine at night.

On the following day the festival moves to the town of Abatac. Just like before, everyone from the community goes to Abatac. They go there dancing alongside the musicians who are playing accordions, guitars, flutes and all other kinds of instruments. This festival typically ends in the evening but some stay out until the early hours dancing the night away.

The last day is spent at the lake where everyone from all the surrounding communities gathers together. More people gather here than at any of the other festivals. It's here where the festivals come to an end. On this day, people also gather in the community of Chilco, but not all of the indigenous people go there. It's normally a gathering place for the Otavalan communities to dance and celebrate, but sometimes people from our communities go as well. These groups also dance with the Diablumas whose job it is to take care of the people.

The Diabluma costume is similar to a mask that people wear. This mask has twelve horns which represent the months of the year: January, February, March, April, May, June, July, August, September, October, November and December. These twelve horns form part of what we call the Diabluma. In our community it is his job to take care of the people as they walk along the paths. Therefore, the people who arrive in one piece will return in one piece. This is the job of the Diabluma; he's responsible for returning everyone safely to their homes.

---

[73] From Quichua, *Inti Raymi* literally translates to 'Sun Festival'.
[74] Inti Raymi was renamed *San Juan* during the Spanish Conquest.
[75] From Quichua, *Pachamama* translates to 'Mother Earth'.
[76] From Quichua, *Inti Yaya* translates to 'Father Sun'.
[77] The *Diabluma* means 'devil's head'. Zamarros are pair of pants made from goat skin.

13 Rama de Gallo

Relatado por/ Told by: Lucía Gonza

Y asillata despues abin fiesta San Juan fiestakunaka acabashpa todito ladopi acabashpaka ya vuelta rama de gallomi seguin. Cada fin de semana asillata cada comunidadllapita rama de galloka abin. Algunoska arancan gallota abin. Algunoska dentranajun, entregangapa gallota asillata ese rama de gallopika uno gallota cojishpaka otro añopaka doce gallowanmi ina. Esemi costumbre cada comunidadpi. Ese doce gallota entregashpaka ese priosteka otro añopaka gallota entregangapa.

Diaymanta otro añopaka ese priosteka alistanami comidata, bandata y elpa fiestapa ropata todota.

Aypika elkunaka bien vestidomi andana priostika todo. Algunos priostika salviwan misawanmi azin. Y asillata comidatapash arto comidatami azina. Comida, chicha, tragoima todomi abin asillata invitadokuna.

Ese priostika gallo caldotami azina medio año faltapi entregangapa gallota daymanta ese priosti invitakpika invitadokunaka andarin ese casaman. Ay ese casamanka irin llevashpa cubeta huebo irin llevashpa jaba cerveza. Algunoska tragota llevashpa in.

Diaymantaka gallo caldota comishkakuna ya vuelta in.

Ya ese entregana gallo ese diakuna asillata vuelta ina tukun. Ayka uno gallo llevashpa ina kanchi; jabas cerveza, trago y huevota llevashpa ina kanchi. Diaymanta ya ese ya salina horas entregangapa gallota ay junta de aguapi o Centro Pijalpi o Pijal Altopi asikunapimi entreganchi gallotaka.

Diaymanta elkunawan ishpaka asillata bailashpa ina compañashpa priostita gallowanmi bailashpa irin bandapi; asikunawanmi irin guitarrawan. Y asillata nuestro ese coplakunata cantashpaima asimi bailashpa andarin rama de gallopika. Y ese rama de gallopimi nuestro costumbreka bailashpa ishpa. Vuelta uno dos o tres mamakunami llevana naranja, caramelo, florkuna estami botanchi todito ese gentikuna vinajupi botashpami bailanchi naranja, caramelo, galletaskunaka ya asi botashpami.

Diay vuelta ya entregana rato llegan ahipika por listami
llamashpa entreganchi ese casapi. Diaymanta, ya asi
entregashpami ese recibin gallota ese gentikunami dan uno
olla colada, mote, carne y dos pomas chicha, trago asi
tomanaconata. Esekunata repartishpa vuelta ese compañashpa
andan. Ese gentekunaman repartishpa comichishpami. Vuelta
ya gallokunata que entregashpa regresarin casaman ya
bandandi. Ya casapimi ya vuelta toda la noche amanacinchi
bailshpa acompañashpa.

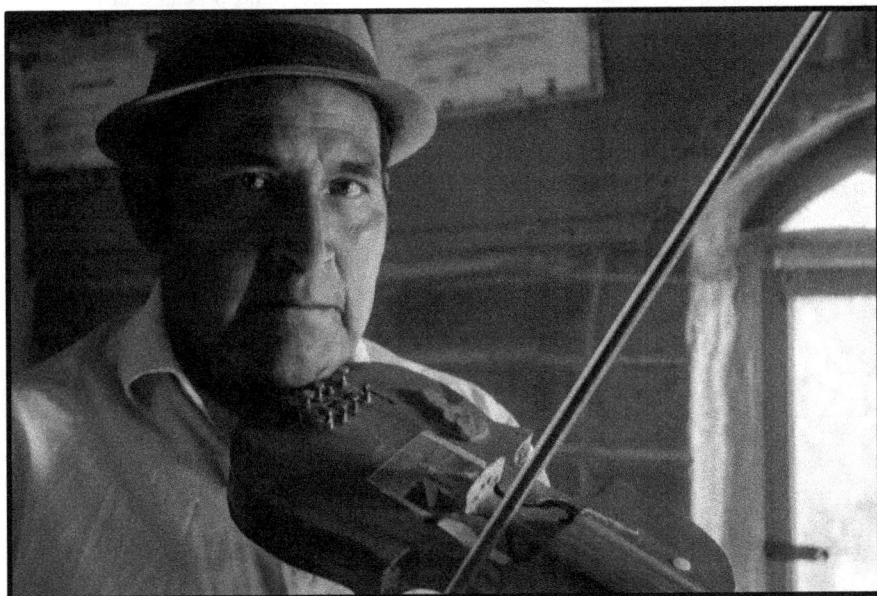

Español: Rama de Gallo

Después que los festivales de San Juan terminan, se da inicio a la celebración de la *Rama de Gallo*[78].Cada fin de semana hay una *Rama de Gallo* en cada comunidad. Un grupo de personas comienza el festival con el *Arranque del Gallo*[79]. Este grupo se presenta con la Rama de Gallo y entrega un gallo al que va a ser el prioste del siguiente año; esta es la costumbre en cada comunidad.

En el siguiente año el prioste tiene que preparar la comida, música con banda y su traje para este evento. Se sirve mucha comida a los invitados y normalmente va acompañada de *chicha*[80] y alcohol.

Todos tienen que ir bien vestidos para este festival. Algunos priostes hacen una misa por la mañana en la Rama de Gallo.

Faltando seis meses para la entrega de la Rama de Gallo, el prioste tiene que preparar un *caldo de gallo*[81] e invita a varias personas. Los invitados normalmente llevan a la casa del prioste una cubeta de huevos, una jaba de cerveza y alcohol.

Cuando se realiza la entrega de Rama de Gallo después de seis meses, se lleva un gallo junto con jabas de cerveza, alcohol y huevos. Ya en la tarde todos salimos a entregar el gallo en diferentes sectores. Ejemplo: en la Junta de Aguas, Centro Pijal o Pijal Alto.

Las personas que acompañan al prioste en la entrega del gallo llegan bailando y cantando coplas junto con la banda de músicos. Nuestra costumbre es bailar durante la Rama de Gallo y además dos o tres mujeres van entregando naranjas, caramelos, galletas o flores a los que participan en el evento.

Cuando llega el momento de la entrega, se toma lista a las personas. En este momento, se realiza la entrega oficial del gallo al prioste y este reparte a los presentes: colada, mote, carne, dos pomas de chicha y alcohol; cuando se termina de repartir la comida, los invitados empiezan a comer para luego dirigirse con la banda a la casa de la persona que entregó los gallos, y, en esta casa la gente acompaña y amanece bailando.

---

[78] La rama de gallos se celebra poco después del Inti Raymi. Se designa un prioste y se le hace la entrega simbólica de un gallo. Este prioste tiene que entregar 12 gallos en compensación para el próximo año. Se cuelgan los gallos de un palo. Esta entrega se hace con un año de anticipación.

[79] El arranque de gallos es un ritual en el que una persona entrega un gallo a la persona que será el prioste el próximo año.

[80] La chicha es una bebida fermentada hecha de maíz mezclada con o sin alcohol.

[81] Es parte del ritual de la Rama de Gallo donde la persona que arrancó el gallo o el prioste prepara un caldo de gallo e invita a familiares, amigos y miembros de la comunidad, como parte del ritual.

English: Rama de Gallo

After the San Juan festivals are finished, the *Rama de Gallo*[82] festival follows. Each weekend in each community, there's the Rama de Gallo festivity. A selected group of people begin the festival with the *Arranque del Gallo*[83]. This group presents themselves with the Rama de Gallo and delivers a single rooster to the next year's Steward. He who receives this rooster will have to present the Rama de Gallo on the following year. This is the custom in each community. Then for the following year, the Steward prepares the food and music and all his clothing for the festival.

During the festivities everyone is expected to come well dressed. Some of the stewards integrate the Rama de Gallo with a morning mass. A lot of food is also prepared for the guests. Usually *chicha*[84] and alcohol, among other things, are served with the food. Six months before the Steward delivers the Rama de Gallo, he is expected to prepare a rooster soup. The Steward has to invite the guests to his home for the meal. They typically bring with them a tray of 30 eggs or a case of beer. Some people may also bring hard alcohol.

When the Rama de Gallo finally takes place, six months later, the guests have to come bearing the roosters. They also come with cases of beer, hard alcohol, and eggs. At about midday, we leave to deliver the rooster. The location of delivery changes each year. Sometimes it's at the water council office in Central Pijal or Upper Pijal. The people accompanying the Steward, with the rooster, arrive dancing alongside a band of musicians with guitars. During the Rama de Gallo we also dance and sing folksongs. It's our tradition to dance in the Rama de Gallo festival. Sometimes two or three of the women will pass around oranges, sweets, crackers, or flowers to those participating in the event.

When the moment of delivery comes, attendance is taken as the guests enter the house. Next year's Steward then receives the roosters and he presents his guests with *colada*[85], hominy, meat, and two large containers of chicha, alcohol and other types of drinks. Once this is passed out people begin to eat and socialize. The guests then return to the home of the person who delivered the roosters. Once there, they spend the night dancing and socializing.

---

[82] The Rama de Gallo consists of 12 roosters hanging by their feet from a pole that will be carried by a group of people from the community. The owner of the Rama de Gallo carries a single rooster to the house of the person who will receive the Rama de Gallo the following year as a symbolic gesture. Who receives the Rama de Gallo is decided with one year of anticipation.

[83] From Spanish *Arranque de Gallo* can roughly be translated to the 'inauguration of the rooster'. It is the event where the rooster is officially given to the following year's Steward.

[84] *Chicha* is a fermented beverage often made from corn traditionally consumed throughout South America. It can be mixed with or without alcohol.

[85] *Colada* is a traditional Euadorian soup made from condensed flower, barley, fava beans, kidney beans, green beans, corn and cumin, not to be confused with *colada morada* or the *colada* drink made from oats and *naranjilla* (also known as *lulo* or *Solanum quitoense*).

41

14 Hierbas Medicinales y Tradicionales
Relatado por/ Told by: Lucía Gonza

Camote: Camotepash medicinalmi casi; esepash vitaminata tinin dezinmi, camotepash. Y asillata de mañana desayunowan lechewan tomashpaka buenomi kan camotepish.

Tomillo: Ese tomillo ese girbawaka dolor de estomacopami bueno. Cualquier cosata comikpi o malta azikpi esepami bueno.

Manzanilla: Manzanilla asillata alergiakunapa dolor de estomagopakpash buenomi

Oregano: Oregano tambien buenomi asillata quitapash mala hora comikpi. Ese aguaguta azishpa tres gota limongowan tomarin y buenomi.

Zunfo: Zunfo aguagota azishpa dolor de barrigapaka buenomi.

Menta: Menta aguagopash buenomi dolor de estomagopa y asi tomarin aguagota azishpa.

Cedron: Cedrontapash lo masmi ocupanchi nosotroska aguagota azishpa tomangapa.

Ortiga: Ortigami planta medicinalpacha. Aguatapish azishpa tomarin y calentashpa pieskunata dolekpika huesota dolikpika pieskunapi fregarin ortigata calintachishpa lombripi o candelapi.

Hierba buena: Hierba buenataka asillata aguatapish azirin buenomi barriga dolorta tininkunapa. Motegokunata coznashpami aypipash ponishpa cominchi.

Juiyanguilla: Ese juiyanguillami asillata bueno asi cuando temperaturata tinin diunavez. Aymi esetaka cojishpa juiyanguilla hojata cojishpaka golpeashpa o liquadorapi liquarin uno huevo clarawan. Diaymanta batishpa darin lemonwan y sabilawan. Esemi bueno.

Hierba Luisa: Hierba Luisatapish aguagokunata azingapami bueno y dolor de barrigapapash buenomi

Sabila: Sabilapash asillata buenomi bastanteta trabajakpika cinturaskunta dolikpika. Ese sablila babaswatami fregarin ese dolin partipi. Quemashkakunapakpash jatun buenomi kan.

Hoja de granadilla: Hoja de granadillapish buenomi kan fiebrewankunapak. Ayka clara de huevowan batishpa amarrarin frentepi ponerin o y asillata asi wawakuna calenturawan kakpipash asi pechowapi ponerin clara de huevowan batishpa.

Caballo chupa: Caballo chupapash bueno riñonpa. Esekunaka buenomi aguata azishpa tomangapa.

Huagruma: Huagrumapash buenomi como antiguamenteka Huagrumataka camagota azishpami vivinkashka dezin. Otro gentekunaka no tinishpa platagota camataka no comprashpaka wagruma camagotami azinkashka dezin.

Ruda: Rudawanka nuestro campopika tininchi gallina, puerco, esekunata mal cojikpika ayka rudawanmi darin golpiashpa gallinakunaman maiztaka amanecechishpa ese rodapi.

Penco: Ese penco medio azulado medio verde ese penkomantami chaguarmishquita sacarin. Ese chaguarmishquika medicinalpachami. Ese tiakuna sobrepartowan vivin enfermo esekunapami bueno. Frio pasashka wawakunapapish buenomi.

Chuchu: Chuchuska vitaminami huesokunapa y cominami kanchi uno o dos veces al dia.

43

Lechero: Lecheropash buenomi direpenteka no tininchi gomata nuestro casapi. wawakunaman ese lecherokunawanmi peganchi asi cualquier trabajota escuelamanta mandakpi

Berro: Berro karin diunavez hierrotami tinin. Ese berrotaka nuestro casapika comidagokunapi poningapa ensaladatatapish azinchi. Papata berrowan mas azinchi comingapami bueno.

Marco: Ese marcopash buenomi casata barringapa y mal de callepapash asikunata asi azikpika ese marcowan barrishpa buenomi. Marcowan barrikpika pulgakunapash no sentanchu marcowan barrikpika.

Ocalipto: Ocalipto aramaticopash buenomi tospa gripipa esekunapami tomarin.

Hierba mora: Hierba morata anguyuyuwan coznashpaka ese pies inchasonkunapa todo golpikunapa ese heridakunata lavangapami bueno.

Romero: Romeropash medicinalpachami buenomi algun bañogota dangapa y asillata no pelo cayichu nuestro cabezamanta.

Arrayan: Arrayanpash buenomi cuando ese warmikuna dietata alcanzashpa levantanajunpi esewanmi bañanchi.

Hoja de habas: Ese hojas de habaspash asillata bueno buenomi cuandomi nuestro ojoskuna piedra o basura dentrakpi rojo tukun. Ayka ese habas ñavewata asi fregashpami asi jugotashna sacanchi y uno telagopi vuelta ponishpami ojospi gotiachirin.

Mashuhua: Mashuhuapash buenomi ahoraka ya todito ese mashuhuaka mas anteska diunavez utilizankashka dezin pero ahora este tiempo aquipika perdijunmi pero dinuevomi ya vueltami empezangrinchi sembrashpa porque eseka medicinal cancerpa.

44

Totora: Totorawanmi azinchi algunas artisaniaskunata azin pero bonito artisaniakunatami azin totorawan.

Aliso: Aliso asillatami bueno este pies lisiashkakuna inchashkakuna o frio dentrashkakunapa calentashpami amarrarin, alisota.

Tomate de arbol: Tomate de arbolpash asi tulpapi lumbrewan coznashpaka. Aypi tomatita cojishpa asashpami comerin dolor de gargantapa y tospa.

Oca: Ocatapish comerinmi, pero medicinalpash medicinalmi pero mas comerin ocata.

Guanto: Ese guantopashmi bueno ese malechukunapa maldicallepa esekunapami. Bueno esewan barririn cuartokunata.

Llanten: Llantenpash aguagota azingapa tomangapami asillata buenomi. Nuestro riñonpa asikunapami bueno.

Siempre Viva: Ese mata 'Siempre Viva' dezinshka buenomi mal de gallinapa. Ese matago picashpa maizwanmi darin gallinakunaman.

Papaya: Papayata licuashpami tomarin. Pepakunandi casarakunadi toditota lavashpa licuashpa tomarin Bichokuna nuestro barrigapi acabarinchun.

Alfalfa: Alfalfatapash ese alomenos tininmi arto vitaminata hierrota. Esetaka licuashpami naranjawan jugotami tomarin. Esemi bueno bueno ese anemiata tinin gentekunapakpish y bichuskunapakpash.

Español: Plantas Medicinales y Tradicionales

Camote (*ipomoea batatas*): El camote es considerado una raíz medicinal, porque tiene muchas vitaminas. También es bueno, acompañar para el desayuno junto con un vaso de leche.

Tomillo *(thymus):* El tomillo es una hierba que es muy buena para aliviar el dolor de estómago. Cada vez que usted come algo que le cayó mal, se hace una infusión de tomillo.

Manzanilla *(asteraceae):* La manzanilla es buena para las alergias y el dolor de estómago.

Orégano *(origanum vulgare):* El orégano alivia los dolores de estómago causados por los alimentos. Funciona bien si se hace una infusión con agua y se añade tres gotas de limón.

Zunfo *(micromeria nubigena):* El zunfo no solo es bueno para los dolores de estómago, sino también para los dolores de cabeza.

Menta *(menta):* La menta se la toma como té y cura los dolores de estómago.

Cedrón *(lippia citrodora):* Al igual que la menta, utilizamos el cedrón para hacer té.

Ortiga *(urtica):* La ortiga es una planta medicinal que se la toma como infusión, se la puede utilizar para remojar los pies cuando estén doliendo. También se pueden calentar las hojas de ortiga en una cocina y se las frota en los pies cuando duelen los huesos.

Hierbabuena *(mentha spicata):* Se la utiliza para hacer té, se la toma cuando se tiene dolor de estómago.
Se cocina mote y otros alimentos con hojas de hierbabuena.

Juiyanguilla *(peperomia):* La juiyanguilla se usa cuando se tiene fiebre. Se muelen las hojas y se mezcla con una clara de huevo, añadiendo limón con sábila.

Hierba Luisa *(cymbopogon citratus):* Hacemos infusiones de hierba luisa para el dolor de estómago.

Sábila: Se utiliza la sábila cuando duele la cintura, después de haber trabajado fuerte.La parte babosa de la sábila se la frota en el lugar del dolor. También es muy buena para las quemaduras.

Hoja de Granadilla *(passiflora ligularis):* Estas hojas se las utiliza cuando se tiene fiebre, batimos una clara de huevo, se unta en las hojas y luego se amarra ya sea en la frente o en el pecho.

Caballo Chupa o Cola de caballo *(equisetum):* El caballo chupa o la Cola de Caballo es bueno para los riñones. Es bueno en infusión cuando se ha emborrachado.

Guagruma *(cacosmia harlingii):* Antiguamente el guagruma servía como un buen material para hacer las camas. Se dice que, cuando la gente no tenía dinero, en lugar de comprarlas, se hacía una con el guagruma.

Ruda *(ruta):* Cuando gallinas y chanchos se enferman, mezclamos la ruda con su alimento para curarlos.

Penco Dulce *(furcraea andina):* Nosotros tenemos un tipo específico de penco dulce que es de un color verde azulado. De este penco extraemos el *chaguarmishqui*[86]. El *chaguarmishqui* es una medicina natural. Lo usamos durante los partos y para curar la gripe a los niños.

Chochos *(lupinus mutabilis):* Los chochos tienen muchas vitaminas, para los huesos y se deben comer dos o tres veces al día.

Lechero *(sapium laurifolium):* El lechero es utilizado como goma. Por ejemplo: utilizamos para pegar trabajos manuales de la escuela.

Berro *(nasturtium officinale):* El berro tiene una gran cantidad de hierro. Lo utilizamos para hacer ensaladas. Es más común cocinarlo con papas y queda muy bien.

Marco *(ambrosia arborescens mill.):* Las hojas de marco se las utiliza para barrer la casa y también cuando hay *mal de calle*[87]. Cuando se barre con marco se eliminan las pulgas.

Eucalipto *(eucalyptus):* Las hojas del eucalipto son terapéuticas y buenas para la tos y los resfriados y en infusión para cuando se está borracho.

Hierba mora *(solanum nigrum):* Se cocina la hierba mora con anguyuyu *(tamnifolia)* y después se utiliza como compresa para lesiones. Por ejemplo: golpes, moretones y cuando se hinchan los pies.

---

[86] Bebida extraída de la base del cabuyo o penco azul.
[87] El mal de calle son hechizos o brujerías pisados en algún lugar de la calle.

Romero *(rosmarinus officinalis):* El romero también es una hierba medicinal cuando se toma un baño.
También es buena para la calvicie.

Arrayán (*vochysiaceae*): El baño con hojas de arrayán es bueno después que las mujeres se levantan del parto.

Hoja de Habas (*vicia faba*): Las hojas de las habas se las utiliza para limpiar los ojos cuando están rojos a causa de objetos extraños. Se extrae el líquido y a través de una tela exprimimos para que caigan las gotas en los ojos.

Mashgua (*tropaeolum tuberosum*): Se dice que la mashgua es una planta muy buena que todo el mundo solía utilizar en el pasado, pero hoy en día hemos perdido esa tradición. Sin embargo se ha empezado a plantar nuevamente porque sirve como medicina para el cáncer.

Totora (*schoenoplectus californicus ssp. tatora*): Utilizamos la totora para hacer algunas de nuestras artesanías.

Aliso (*alnus glutinosa*): Las hojas del aliso las utilizamos para las lesiones o cuando se hinchan los pies a causa del frío. Se calientan las hojas y se envuelven alrededor de la herida.

Tomate de Árbol (*solanum betaceum*): Cocinamos los tomates de árbol en una vasija de barro, también se asan y cuando están listos se comen para aliviar el dolor de garganta y la tos.

Oca (*oxalis tuberosa*): La oca tiene propiedades medicinales.

Brugmansia, floripondio o guanto (*brugmansia versicolor*): El floripondio o guanto[88] es utilizado para deshacerse de la brujería y el mal de calle. Funciona cuando se barre toda la habitación.

Llantén (*plantago lanceolata*): El llantén es bueno para los riñones y se lo toma como té.

Siempreviva (*sempervivum*): Esta planta es utilizada cuando los pollos se enferman con mal de gallina[89]. Antes de alimentarlos se pica la planta en trozos y se mezcla con el maíz.

---

[88] Son flores de forma acampanada. Se conoce a esta planta en Ecuador por floripondio o guanto.
[89] El mal de gallina es una enfermedad.

Papaya (*carica papaya*): Nosotros hacemos jugo de papaya con la cáscara y añadiendo algunas semillas con el fin de matar los parásitos en el estómago.

Alfalfa (*medicago sativa*): La alfalfa posee muchas vitaminas como el hierro. Nosotros la mezclamos con naranjas y este jugo es muy bueno para las personas que tienen anemia o parásitos.

English: Medicinal and Traditional Plants

Sweet Potato (*ipomoea batatas*): Sweet potatoes are considered a medicinal root because they are full of vitamins. It's also good as a breakfast side-dish along with a glass of milk.

Thyme (*thymus*): Thyme is an herb which is good for settling an upset stomach. Whenever you eat something that doesn't settle right, it's good to make an infusion with thyme.

Chamomile (*asteraceae*): Chamomile is good for allergies and stomach aches.

Oregano (*origanum vulgare*): Oregano is also good for alleviating stomach aches caused by food. It works well if you infuse it with water and add three drops of lemon.

Zunfo (*micromeria nubigena*): *Zunfo* is not only good for stomach aches but headaches as well.

Mint (*mentha*): Mint is also good for stomach aches and makes good tea.

Cedron (*lippia citrodora*): Like mint, we mostly use cedron to make tea.

Nettle (*urtica*): Nettle is a medicinal plant which can be infused with water and drunk or heated up and used to soak one's feet in when they hurt. It can also be heated up on a stove or on a fire and rubbed on one's feet when their bones ache.

Spearmint (*mentha spicata*): Similarly, spearmint is also used to make tea which is good to drink when you have a stomach ache. We also cook foods such as hominy with it.

Juiyanguilla[90] (*peperomia*): Juiyanguilla is sometimes good to use when one has a fever. We will take the Juiyanguilla leave and either grind it up or liquefy it in a blender with an egg white. From there, we stir in some lemon and aloe vera and give it to the sick person. It makes for a good remedy.

Lemon grass (*cymbopogon citratus*): We often make infusions with lemon grass. It's also good for stomach aches.

Aloe vera: Aloe vera is good after one has worked a lot and their waist hurts. The slimy part can be rubbed on the area that hurts. It's also really good for burns as well.

Granadilla leaf (*passiflora ligularis*): Granadilla leaves are also good to use when someone has a fever. We will beat an egg white, spread it on the leaf and then place the leave on either the child or elder's forehead or chest.

---

[90] Alternative spelling : *Cuyanguilla*

Horsetail (*equisetum*): Horsetail is good for the kidneys. It's good when drunk as an infusion.

Guagruma (*cacosmia harlingii*): It's said that in the past, guagruma used to be a good material for making beds. It's said that when people didn't have any money, instead of buying a bed, they would make one from guagruma.

Ruta/ rue (*ruta*): In the countryside, we have hens and pigs, and when they get sick we will mix ruta into their feed and they'll feel better the next day.

Fique (*Furcraea andina*): We have a specific type of fique that's a bluish greenish colour. With this fique, we extract *chaguarmishqui*[91]. *Chaguarmishqui* is a natural medicine. We use it during birthing and it's also good when children have a cold.

Chochos (*lupinus mutabilis*): *Chochos* are full of vitamins that are good for the bones and they should be eaten once or twice a day.

Lechero (*sapium laurifolium*): *Lechero* is used as a good quick-fix if you need some glue and you don't have any. For example, we'll use *lechero* to stick things together in a homework assignment if their school teacher sends one.

Watercress (*Nasturtium officinale*): Watercress has a lot of iron. In our homes, we add watercress to our food and make salads with it. It's commonly cooked with potatoes, which tastes great.

Marco (*ambrosia arborescens mill.*): *Marco* is good for sweeping the home and when there's *mal de calle*[92] in the home, it's good to sweep with *marco*. In addition, sweeping with *marco* also gets rid of flees.

Eucalyptus (*eucalyptus*): Eucalyptus leaves are aroma therapeutic and good for coughs and colds when it's drunk as an infusion.

Hierba mora (*solanum nigrum*): *Hierba mora* is cooked with *anguyuyu* (*tamnifolia*) and then used as a press for injuries e.g., on bumps and bruises or when one's feet are swollen.

Rosemary (*rosmarinus officinalis*): Rosemary is also a natural medicinal herb that's good when taking a bath. It's also good for balding.

Arrayan (*vochysiaceae*): Once a woman is able to get up during her post-part diet it's good to bath her in *arrayan*.

Fava leaf (*vicia faba*): Fava leaves are good for cleaning out one's eyes if rocks or other foreign objects get inside and turn them red. We rub the leaves to extract the liquid. We then soak it up with a cloth and drip it into the eyes.

Mashgua (*tropaeolum tuberosum*): It's said that *mashgua* is a good plant and that everyone used to use it in the past, but nowadays we've lost the tradition. It is, however, starting to be planted again because of its use as a cancer medicine.

Totora (*schoenoplectus californicus ssp. tatora*): We use *totora* to make some of our artisans; some really nice artisan work can be made from them.

---

[91] Juice extracted from the bud of the steam of agave plants.
[92] Bad spirits brought to the home by visitors with bad intentions.

Black alder (*alnus glutinosa*): Black alder leaves are also good for injuries or when one's feet become swollen from the cold. We heat them up and wrap them around the injured area.

Tamarillo (*solanum betaceum*): We cook tamarillos in a clay pot on an open flame. Once they're ready, we eat them to remediate a cough or sore throat.

Oca (*oxalis tuberosa*): Although *oca* has medicinal properties, it's typically just eaten.

Brugmansia versicolor or angel's trumpet (*datura*): This flower is good for getting rid of witchcraft and *mal de calle* and other things of the sort. It works when it's swept around a room.

Ribwort plantain (*plantago lanceolata*): Ribwort makes a good tea and it's also good for the kidneys.

Sempervivum or houseleeks (*sempervivum*): The sempervivum plant, as it's called, is good when the chickens become ill. Before we feed them, we chop it up and put it in with their corn-feed.

Papaya (*carica papaya*): We make papa juice in a blender. One can also wash the peel and add a few seeds to the mix in order to kill off any intestinal parasites.

Alfalfa (*medicago sativa*): Alfalfa has a lot of vitamins and iron. We'll blend it with oranges and drink the juice. This is really good for people who have anaemia or parasites.

15 Hacendados
Relatado por/ Told by: Anita Cañarejo

Cuando mio papasu no tenerka terrenogota ahimi
trabajashpa vivirkanchi nosotros wawakunandi. Mio papasuka
wawakunatapish llevashpami lecherokunata sacankarka
cantuman. Todo ese piedrakunatapashmi cantuman sacarka
ese patronpaka terrenopi. Ese ay terrenopika todito lecherota
sacashpa despues piedrata sacashpa despuesmi
sembrankarkanchi maizgota, zambogota, morochogota.
Esegota sembrashpa trabajashpa acabashpa. Diaymi
cosechankarkanchi.

Ese despueska hasendadoka corralman llevankarka
hasiendaman. Diaymantaka corral limfianchinkarka, ese
terrenomantaka. Esetaka limpiangapaka nosotroska las siete de
la mañana ishpaka hasta las cinco de la tardemi
trabajankarkanchi. Ese hasendadopakpika terrenogota no
tinishpaka. Ese patronpa terrenopimi sembrashpa
vivinkarkanchi. Mitadataka patron mitadataka nosotrosmanmi
cosechankarkachi.

Español: Los Hacendados

Cuando mi papá no tenía terrenos, pasábamos nuestros días trabajando con él. Nos llevaba al cerco para quitar las plantas de lechero[93]y las piedras de los terrenos del patrón. Después de remover todo, plantábamos maíz, sambo[94] y morocho[95]; nuestro trabajo terminaba el día de la cosecha.

El patrón también nos llevaba a limpiar los corrales de la hacienda, a las siete de la mañana y terminábamos a las cinco de la tarde.

El trato era: la mitad de lo que cosechábamos para el patrón y la mitad para nosotros.

English: The Landowners

When my father had no land, we would spend our days working with him. My father would take us to the perimeter to remove *lechero* plants[96] and stones from the landowner's parcels. After that, we would plant corn, *sambo*[97] and *morocho*[98]. Once these were planted, that job would end until the harvest.

The landowner would also take us to clean the corrals at the farm. To clean the corrals, we would start at seven in the morning and work until five in the evening. We had no land on this farm so we would spend our days planting the landowner's fields. The deal was that whatever we harvested, half was his and half was for us to keep.

---

[93] Lechero es un tipo de árbol de cuyo tallo se obtiene una solución líquida pegajosa, similar a la goma.

[94] El sambo es un tipo de calabaza que en Norteamérica se lo conoce con el nombre de "melón de invierno". En Ecuador se la conoce como sambo.

[95] Tipo de maíz en estado seco, de color blanco.

[96] *Lechero* (*sapium laurifolium*) is a tree which contains a sticky substance in its leaf stems similar to that of glue.

[97] *Morocho* corn is a type of dried cracked hominy.

[98] Known as a "winter melon" in North America. Young *sambo* tastes like and can be prepared like zucchini. Once ripened, its outerlayer resembles that of the spaghetti squash. In colonial times all types of gourds were referred to as *calabazas*.

53

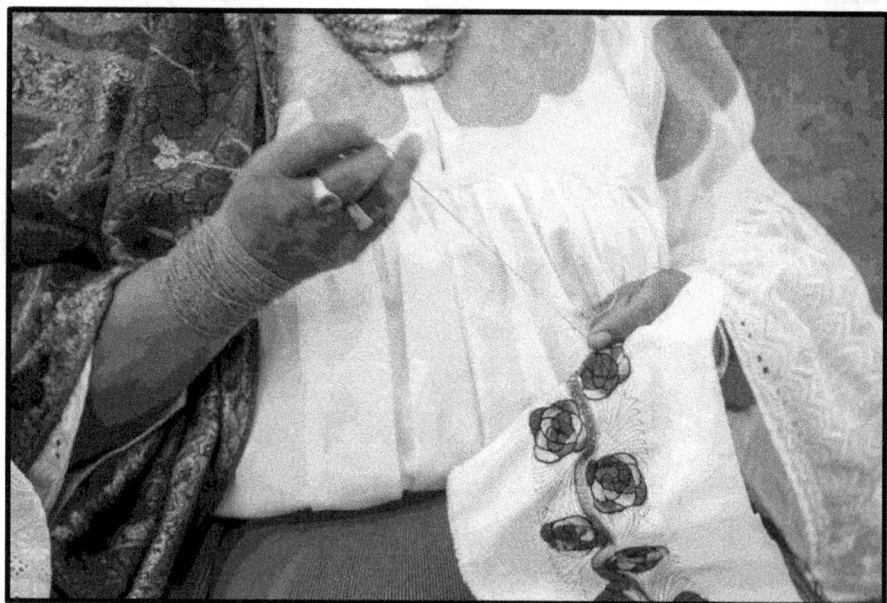

Narradores - Storytellers

Ese suedrakuna.[99]

Anécdotas de como eran las suegras[100]

Mother-in-law Anecdotes[101]

****

---

[99] Nombrekunata cambiashkami sitiokunatapash, narradorpa identidad protegingapa.
[100] Nombres y lugares han sido cambiados con el fin de proteger la identidad del narrador.
[101] Names and places have been changed to protect the identity of the storyteller.

16 La Suedra
Relatado por/ Told by: Anónimo/ Anonymous

Molichunmi mandawarka taza jundata muruchuta.
Muruchuta chuchucata molichun mandawarka. Taza jundata
molishpami cozinankarkani liñagowan y tulpagopi.
Diayka tardekunami trigota molichun mandawarka.
Asillata taza jundata molishpa, piedragopi molishpa cernishpa
cozinkarkani berrogowan.
Comichinkarkani cuñadokunaman cuñadaman suedroman.
Ya vuelta alotro diaka cebadotami tostashpa molinkarkanchi
asillata piedrapi.
Arroz de cebada desayunota danakashpaka
levantankarkani a las dos de la mañanata asimi
alacanzankarkani tosashpa molingapa coznankarkani. Las seis
de la mañanataka listitomi karka desayunoka. Ya vuelta,
tardepa lo mismo chuchucata o sinoka muruchutami molishpa
coznarkarkani. Tarde meriendatapi las seis de la tardime
empizankarka meriendataka. Las nueve de la nochetami
meriendakarkanchi todito huahuakunandi.
Pukyumanta aguagota cargamushpa vevinkarkanchi.
Diaymantami berrogowan coznankarkanchi chuchucagota
osinoka morocho comidagota dulcegowan o salgowan.
Diay suedraka no cazunchu karka. Suedraka
"cozinashkanguimi sin berro, nabogota! Coginguima
karkanguika osiosa, baga!" dezinkarka. Suedraka
hablanllankarka.
Suedraka brava brava karka. "Trastigotapish no breve
breve lavakpika osiosa jarishina porquetak no breve breve
lavarkangui?, Cosnanguiman karkaka?" Nuestroka
animalgowan ishpaka tarde las seistami lleganchi casaman.
Diaymantami coznankarkanchi cebadata molishpa.
Diaymantami cominkarkanchi dinoche las nuevita o las dies
de la nochetami merendankarkanchi nuestroka.
Deveras suedrakunaka, suedrakunaka sabadota, domingota
chumangapa inkarka San Pablopi, Gonzalezpi chumangapa
andankarka. Poroto motegota cozinashpami andankarka
kokabiwan compadrekunaman comadrekunaman.

Lavangapami mandawankarka kashatrawargota doce paresgota cortashpa suedrapakta cuñadokunapa. Ropata grande baytapi llenota kipishpa, cargashpa quebradaman ishpami lavagrinkarkani. Cuñadokunapakta y suedrapakta suedropakta lavashkagotapish no casunchukarka. Suedraka "Jarishina osiosa takshayta na ushangui baga no lavangui bueno!" "Lavanguimanca jarishina!" dezishpami escojishpa botankarka suelopi ese blanco ropakunataka escojipish. No casunchukarka lavashkataka suedraka brava bravami karka.

Marido lo mismo maridoka chumangapa inkarka San Pablopi. Diaymantaka venishpaka huahuagundi pegangapa veninkarka no casunchukarka. "Que animalgo cuidashkataima que cozinashkagotapish!" No casushpami pegankarka huahuagondi, pegankarka.

Ganadokunamanpash inkarkani kuchikunamanpash chagrapi cañagota cojishpa huangu huangu cargashpami. Yoka kuchimanpish dankarkani hierbagotapash huangu huangu ozeswan cortashpami dankarkani. Sarafanga hierbagota ganadoman, kuchiman cañagota, chukllugotaka comingapa huahuakunawan. Suedraka maridondi inkarka San Pabloman.

San Pablopika ocho diaspi osino cuatro diaspi volvimunkarka chumashka. Yo pobreka animalkunandi, huahuakunandi casapi cuñadokunandi vivinkarkani coznashpa comichishpa. Ropatapish huahuakuna, cuñadokunapakta miu huahuakunapakta atras quebradapi lavangapa inkarkani. Jabongoka no abinchukarka platagupay no abinachu comprangapaka jabongoka. Yoka ese kashatrawargota lavashpa piedragowan golpiashpami lavankarkani.

Yo andankarkani mio huahuakunapa trapogokunata lavashpa suedrapatapash. Elkunaka cuatro diapi cinco diapimi regresamukarka chumangapa ishpa. Diymanta venishpapish no casochukarka. "Quegota azishkatapish" yotaka "jarishina oziosa na fichashkanguichu ni ukutapash na fichashkanguichu ni patiotapash jarishina baga."

Yoka borregota pastangapami andankarkani arriba Yacu Rumi sachafitipi. Borrego lanagotaka treskilashpami lavangapa inkarkani atras quebradapi lavashpa quebradapi lavangapak pencowan golpiashpa. Tisankarkani cardashpami jilankarkani yopak anacogopa maridomanpash ponchupak. Y Suedraman suedromanpash jilashpami dankarkani.

Diaymanta, vuelta esegota jilanshpa jilanshpa ikarkani borregota pastangapa chivokunata pastangapa arriba Yacu Rumipi sachafitipi. Diaymantami jilashpa jilashpa veninkarkani. No zigzegota llenashpa venikpika suedraka juitami hablankarka "Jarishina! Osiosa! Dormishpachari caynarkangui!" Yoka asimi jilarkani yoka asimi jilani azishpaka. Ellaka obillutami obillajunkarka. Yoka no zigzigotapi no llenashpami regresamokarkani huahuagopa sikipi, leñagota cargashpa regresamokarkani.

Tardeka arrozgota tostashpa molishpa meriendagota azingapa . Yoka regresarmokarkani Gallo Pukyomanta aguagota cargashpami coznankarkani. Merendagotaka arrozgota molishpa berrogowan coznankarkani. Las nueve de las nochita las dies de la nochitami nosotrospaka meriendaka kana.

Diaymantaka de mañanaka ya vuelta las dos de mañanamantapachami inkarkani atras Gallo Pukyuman aguaman. Desayunota azingapaka arrozgota molishpa piedrami molishpa. Desayunota azinkarkani cuñadokunaman suedroman suedraman, desayunogota azishpa comishpa. Ya vuelta inkarkani pastangapa, puercota, borregota, chivota, burrota, caballuta. Arriba Yaku Rumi pambaman inkarkani. Todo ese animalwan pastangapa tardeka venikarkani liñagota cargashpa.

Español: La Suegra

Mi suegra me enviaba a moler en una piedra grandes tazas de morocho[102] o chuchuca[103]. Una vez que estas estaban llenas, tenía que cocinar en leña.

En las tardes, ella me enviaba a moler trigo en una piedra, luego cernir y cocinar la harina con los berros.

Yo, sabía preparar la comida para mis cuñadas, cuñados y mi suegro. Al día siguiente tostábamos cebada y luego la molíamos en una piedra.

Para el desayuno preparaba y servía el arroz de cebada; tenía que despertarme a las dos de la mañana para empezar a tostar y moler a fin de tener preparado a tiempo, o sea a las 6 am.

Traíamos agua de la vertiente, ya que con esta se cocinaría la chuchuca o el morocho con los berros; se preparaba con sal o con dulce.

Esta preparación de la merienda[104] empezaba a la 6pm para a las 9 pm merendar con todos los hijos de mi suegra.

Mi suegra nunca apreciaba nada de lo que yo hacía y me decía: ¡haz cocinado sin berro, sin nabo! ¿por qué no trajiste?, ¡ociosa! ¡vaga!, eso me gritaba mi suegra.

Ella, era una persona muy furiosa, sabía decirme: ¿por qué te demoras en lavar los platos? ociosa, karishina[105]. No sé por qué no puedes lavar más rápido y ¿por qué no cocinaste?. El problema era que estábamos afuera con los animales todo el día y no regresamos a la casa hasta las 6 pm, enseguida tuvimos que moler y cocinar el arroz de cebada y por eso no comeríamos hasta las 9 o diez de la noche.

Cuando llegaba el fin de semana, mis suegros se iban a San Pablo y a González Suárez a emborracharse. Cuando se iban, llevaban porotos y mote cocinado como avío[106] para compartir con sus compadres.

Durante este tiempo, mi suegra me enviaba con doce pares de hojas de penco a lavar la ropa de ella y de mis cuñadas y cuñados. Lavaba la ropa en la quebrada y cargar en una sábana grande. Mis suegros no eran agradecidos. Mi suegra aun así me decía: ¡ociosa! ¡vaga!. No has lavado bien la ropa, lavas la ropa como un hombre; escogía la ropa que no estaba bien lavada para su gusto y la tiraba en el piso, inclusive la ropa blanca. Ella nunca me agradecía cuando lavaba, siempre estaba enojada.

Mi marido igualmente se iba a San Pablo a tomar y cuando regresaba maltrataba a los niños. Él no era una persona razonable y me decía: ¿has cuidado a los animales y qué has cocinado? Nunca me escuchaba.

---

[102] Tipo de maíz en estado seco, de color blanco.
[103] La chuchuca es el maíz a medio madurar. Se lo cocina, ya que esté suave se lo deja secar en el sol. Ya que se seca se lo muele, cierne y se obtiene el maíz para preparar sopa u otros alimentos.
[104] Cena
[105] Adjetivo para describir a una mujer que no puede cocinar, lavar, coser, planchar, etc.
[106] Provisión de comida para abastecerse durante viajes.

Cuando iba a dar de comer a los chanchos, yo iba recogiendo cañas y cortaba la hierba con la hoz y alimentaba con todo esto al ganado. Al mismo tiempo recogía maíz para alimentar a mis hijos.

Mi suegra y mi marido sabían ir a San Pablo por cuatro a ocho días; era una lástima, yo, quedaba a cargo de los niños, los animales y tenía que cocinar para mis cuñados y cuñadas. Además bajaba a la quebrada para lavar la ropa de mis hijos, mis cuñados y cuñadas. Nunca había jabón ya que no había dinero para comprarlo, así que usaba las hojas de penco y golpeaba la ropa contra una piedra; sin embargo cuando ella regresaba borracha dentro de cuatro o cinco días no me agradecía y me decía: ¿qué has hecho? ¡no has hecho nada! ¡ociosa!, ¡vaga!; no has barrido los cuartos y ni siquiera has barrido el patio y limpias como hombre.

Al mismo tiempo tenía que ir hasta Yacu Rumi[107] para cuidar a las ovejas, además tenía que trasquilarlas y lavar la lana con hojas de penco. Después estiraba la lana para empezar a hilar y poder hacer un anaco para mí y un poncho para mi marido; pero también tejía para mis suegros.

Mientras cuidaba las ovejas y los chivos, aprovechaba para hilar la lana de regreso a casa. Si el ovillo de lana no estaba lleno hasta cuando regresaba a casa, mi suegra me gritaba: ¡ociosa!, ¡vaga!; parece que has estado durmiendo toda la mañana. ¡Mira el ovillo que yo hice!, y, me indicaba un ovillo de lana lleno. Yo no podía regresar con el ovillo lleno ya que tenía que cuidar al bebé que lo llevaba en mis espaldas y además tenía que regresar cogiendo leña.

En la noche tenía que tostar y moler el arroz de cebada para preparar la merienda; pero antes tenía que ir a Gallo Pukyu[108] para traer agua para cocinar, luego molía arroz de cebada y lo preparaba con berros. Merendábamos a las nueve o diez de la noche.

En la madrugada del siguiente día tenía que ir a las 2 am a Gallo Pukyu a traer agua para preparar el desayuno, molía arroz de cebada en la piedra de moler y tenía que prepararlo para mis cuñadas, cuñados y suegros. Esa era la rutina diaria. Luego tenía que ir a cuidar los chanchos, borregos, chivos, burros y caballos; los llevaba a pastar hasta Yacu Rumi y cuando regresaba en la tarde tenía que recoger leña.

---

[107] *Yacu Rumi* es una estribación que está cerca de Pijal que se traduce como 'piedra de agua' del kichwa.
[108] Nombre de la vertiente de agua que se encuentra en la comunidad de Pijal.

English: The Mother-in-law

My mother-in-law would send me to grind large bowls of *morocho*[109] or *chuchuca*[110] on a millstone. Once the bowls were full, I would cook the food in a clay pot on a fire. In the evenings, she would send me to grind wheat. I would grind large bowls on a millstone and then sift them before preparing food with the flour and watercress. I would prepare the food for my sisters- and brothers-in-law and my father-in-law. On the following day, we would toast barley and then grind the grains on a millstone.

For breakfast I would serve the barley. I would wake up at 2 a.m. to begin grinding and toasting in order to get the breakfast ready in time. At 6 a.m. breakfast would be ready. In the evening it was the same story; I would begin cooking by grinding *chuchuca* or *morocho*. Dinner preparations began at 6 p.m. At 9 p.m. we would dine with all of her children. I would also return carrying water from the spring. With this water I would cook the *chuchuca* or *morocho* with watercress. The *chuchuca* could be prepared with either a sugar or salt base.

My mother-in-law would never acknowledge anything I did.

She would yell, "You cooked without watercress or turnip! Why didn't you gather those?! You're a lazy good-for-nothing!"

She was a very angry person. She would say, "You take too much time washing the cooking utensils! You lazy good-for-nothing! You wash like a man! Why can't you wash them any faster!? Why didn't you cook?!"

But I would be out with the animals and wouldn't get back home until 6 p.m. From there I would grind and cook the barley and we wouldn't eat until 9 or 10 at night. It's true.

My in-laws would go to San Pablo and Gonzalez-Suárez on Saturday and Sunday to get drunk. When they would go, they would bring cooked beans and hominy as snack food to share with their friends.

My mother-in-law would send me with twelve pairs of fique leaves to wash her clothes and those of my sisters- and brothers-in-law. I would carry the clothes down to the ravine in a large sheet and wash them there. My in-laws were ungrateful.

My mother-in-law would yell "You lazy good-for-nothing! You can't do anything! Why do you wash like a man?!" She would go through and find the clothes that weren't up to her standards and throw them on the ground— even the white clothes. My mother-in-law was ungrateful when it came to the wash and she was very angry.

My husband would also go to San Pablo and get drunk. He would then return and hit my children. He was not a reasonable person. He would say "What animals have you taken care of and what have you cooked?!" He wouldn't listen and he would hit the children.

On my way to feed the cattle and pigs, I would collect and carry corn stock and large bundles of herbs from the fields. I would feed the herbs and corn stock, which I cut with a sickle, to the pigs. I would also feed a bundle of herb to the cattle. At the same time I would collect corn to feed the children. My mother-in-law and my husband would go to San Pablo for four to eight days before coming back drunk. It was such a pity.

I would be stuck with the animals, the children and my in-laws at the house, having to cook for them. I would go down to the ravine to wash the clothes for my children and my sisters- and brothers-in-law. There was never any soap because there was no money to buy it. I would wash with the fique leaves and smack the clothes against a stone.

I would wash all of my children's clothes and those of my mother-in-law. They would come back in four or five days, drunk. They were ungrateful. They would say to

---

[109] *Morocho* corn is a type of dried cracked hominy corn.

[110] *Chuchuca* is the name given to corn when it is harvested just before fully ripening. It is boiled until soft and then left out in the sun to dry. Once dried, it is made into cornmeal by grinding and sifting the corn, which is then used to prepare soups and other foods.

64

me "What are you doing?! You lazy good-for-nothing! You didn't sweep the rooms and you didn't even sweep the patio! You clean like a man!"

I would go all the way up to Yaku Rumi[111] in the foothills to graze the sheep. I would shear them and wash the wool at the ravine. I would wash the wool by smacking it with fique leaves. I would make it taut while removing the pulling. I would then spin the wool for my *anaco*[112] and for my husband's poncho. I would also knit for my in-laws. While I would be grazing the sheep and goats up in the foothills, I would be spinning wool and when I returned I would continue spinning. If the spool was not full by the time I would return, my mother-in-law would yell at me.

She would say, "You lazy good-for-nothing! It looks like you've been sleeping all morning long! You act like a man!" She would say "Look at the spool I made!" and she would show me one of her spools. But I couldn't return with a full spool because I had a baby on my back and I was carrying firewood.

In the evening, I would toast and grind the barley to prepare dinner. I would return from Gallo Pukyu[113] carrying water for cooking. For dinner, I would grind barley and cook it with watercress. We would eat dinner at nine or ten at night.

On the following morning, I would go at 2 a.m. to Gallo Pukyu for water. To prepare breakfast, I would grind barley on a millstone. I would make breakfast for my in-laws. That was the routine. Then I would attend to the pigs, sheep, goats, donkeys, and horses. I would go up to the flat areas in Yaku Rumi and graze all these animals in the afternoon and I would come back carrying firewood.

---

[111] Yaku Rumi is a foothill region near Pijal which translates to 'water rock' from Quichua.
[112] The name of a specific skirt worn by many the Kichwa women in the Andes.
[113] The name of a natural spring near Pijal.

65

17 Suegra II
Relatado por/ Told by: Anónimo/ Anonymous

Bueno, cuando yo casararkani, ay yo recien karkani nuevo nuera, no?

Y yopa suedraka bien buena buenami karka; no mala karkachu yuka pero mio mamawan vivirkani casi dos añota. Diaymantami venirkani pero siempre mio suedrapamanka cada semana o media semana veninkarkani ayudangapa lechita sacayta ganadoman, aguata dayta ayudangapa veninkarkani.

Direpente ella negocioman ikpika mio cuñadokunaka chiquitokuna karka. Elkunaman yo comidata cozinashpa esperankarkani collegiomanta o escuelamanta llegangakaman.

Diaymantaka huaquinpika puercowakunaman dashpa irkarkani mio mamapaman.

Como yo vivirkani mio mamawan, tardika mio mamapa casamanllata regresankarkani; mio suedrapakaman venishpaka amanecishpa volvinkarkani. Pero nunca no mala karkachu, mio suedraka bien buenami karka. Y ahorakamanllata asi buena.

Elpa terrenopimi vivijuni. Elkunami dawarka este pedazo terrenotapash casata azichun.

Y asipash yotaka nunca no hablawashkachu nada nadawata y ahora karin ya vente-dos añotami vivigrijuni aquipi elkunapa terrenopi pero ahorakaman no hablawashkachu niki nikita no deziwashkachu.

Asillata mio huahuakunata bastantetami kirin. Y masmi llegamun mio casaman mio suedraka otro nuerakunapamanka; elpa hijakunapamanka ladopi vivin pero no mucho lleganchu masmi mio casaman venin. Y mio huahuakunatapish mas mas kirin y cualquier cosagota asi tinishpapish siempremi dashpa pasajun leche, direpenteka tortillaima siempremi dan comidagokunaima dashpa pasan y asillata vuelta mio huahuakuna asi vishpapish "Mio mamita venijun!" dezishpa. Siempre elkunapish dan asi. Y no mala kashkachu ahorakamanka nuncallata no mala kashkachu.

66

Español: La Suegra II

Ya sabe; cuando me casé pasé a ser la nueva nuera. Mi suegra era una muy buena persona; no era para nada mala conmigo.

Vivimos por casi dos años con mi mamá; pero siempre iba a la casa de mi suegra, una o dos veces por semana para ayudarle a ordeñar las vacas o a traer el agua.

De repente cuando ella tenía que salir por negocios y mis cuñados eran todavía pequeños, me encargaba de que la comida esté lista cuando ellos regresaban de la escuela.

Regresaba a la casa de mi mamá por la noche y alimentaba a los chanchos. A veces me quedaba en la casa de mi suegra, pero insisto ella nunca fue mala conmigo; siempre fue buena, incluso hasta hoy en día sigue siendo buena persona.

Hoy en día vivimos en su terreno, ella nos dio este pedazo de tierra para que podamos construir una casa.

Ella, nunca me ha dicho nada malo, he vivido por veintidós años en su terreno y hasta ahora nunca ha dicho una palabra al respecto. Mi suegra quiere mucho a mis hijos, viene a visitar mi casa más seguido que las casas de mis otras cuñadas. Incluso, ella me visita más que a sus hijas que viven a lado de su casa. También parece que los quiere más a mis hijos y todo lo que ella tiene nos da, por ejemplo: cada vez que pasa por la casa nos regala leche, tortillas y a veces nos trae comida hecha. Mis hijos dicen: ¡ahí viene mi abuela!. Ellos siempre le dan algo también. Ella nunca ha sido mala con nosotros, para nada.

English: The Mother-in-law II

So when I got married, I had just become a new daughter-in-law, you know?

My mother-in-law was a really good person. She wasn't mean at all with me even though we lived with my mom for almost two years. While I lived there though, I would always go to my mother-in-law's house once or twice a week to help her milk the cows or bring her water.

Sometimes, she would have to leave on business when her children were still little. I would make sure their food was ready when they returned from school. I would then return to my mom's house to feed the pigs. Since I lived with my mom, I would usually return to her house in the evening but sometimes I would stay at my mother-in-laws house. She was never mean to me. She was always nice and even today she's a good person.

Right now we live on her land. She gave us this piece of land so we could build a house. She's never said anything bad to me and I've been living for twenty-two years on her land— she's never said a word to me about it.

She also loves my children a lot. She usually comes to visit my house, more so than the homes of her other daughter-in-laws. She even visits me more than she does her daughters who live right beside her! It also seems she loves my children more and anything she has, she always gives us. For example, she will pass by and give us milk or she might give us tortillas. Sometimes she'll even bring over meals. My children will say "My grandma is coming!" and they always give her something too. She's never been mean to us at all.

18 Suedra III

Relatado por/ Told by: Anónimo/ Anonymous

Yo vivirkani mio suedrawan ocho añota, ocho añota
vivishpa mio suedraka no casowankarka ni coznashkata.
Zambota coznakpi juita hablawana tortillakpi hablawana
"Kuchishna Comingui!" dezishpa hablawana mio suedra. Y
mio suedraka no cazonachu nimamanta dos huahuawan
vivirkani mio suedrawan. Mio suedropish malo maloruku
karka malo malo. Cuñadokunapish y asillata malo kana. Tres
cuñadota tinini. Cuñadokunapak lavashpa vivirkani y no
casowankarka. Mio suedraka sin jabon mandawana lavachun
burropi cargachishka inkarkani lavangapa Gallo Pukyupi.

Gallo Pukyumantaka todo el dia lavashpa las 6 de la tarde
salinkarkani lavashpa.

Diaymanta mio suedraka chuchucata mandawana
molichun llegakpikpash piedrapi molishpa coznankarkani.

Aymanta "Berrota nochu traerkangui! Berrowan
coznangui!" dezishpa mio suedraka.

Salishpa ina chumangapa mio suedrondi; chumashpaka
tres diapi cuatro diapi venina chumashka hablangapa, "Yachu
coznarkangui!" dezishpa tulpaman dentrashpa vishawan
batishpa salihuna.

Asi vivirkani yoka juyaipa.

Diaymanta, kuchikunata asi cuidankarkani kuchikunata
cuidakpi no casuna. No casushpa asi granoimapish
mesquinawan karka. Diaymantaka, elkunaka chumashpalla
andana cada dia compadre pasanajuna bailanajuna.

Elkunaka contento jachunta cazapi dejashpa juyaipa
vivirkani.

Mio huahuakunawan asi vivishpami shikan vivirkani mio
cazaman pasarkarkani. Mio cazawata azishpa tafial cazawata
azishka kan. Ese tafial casawapi vivirkani aymanta. Asi
estirawan tapashpa vivirkani puertatapish no ponichishpa. Asi
juyaipa vivirkani.

Asi borrego pastangapa inkarkani.

Aymanta Borregota pastangapakpash jilana "Jilanata
sabinguichu jarishina!" dezishpa hablana, "Jilay! Jilay!"
inkarkani. Borregowan pastangapa Yaku Rumikunapi

68

sachafitikuna, asi serrokunaman inkarkani "Serromantaka leñawan veningui!" deziwana mio suedraka. Leña cargashka venijunkarkani huahuapasikipi. Diaymanta mio huahuakunaka ya juizio yashpa salirkanchi vivingapa shikan.

Diaymantaka ya shikan vivini mio marido. Mio maridowan ahoraka vivini tranquilulla. Adelanteka solo pegajushka vivina mio maridoka; mio suedrapa consejota oishpa. Mio suedraka malami kana asi "pegay" dezishpa hablana.

Diaymantaka, asi ahoraka shikan vivishpaka yo negociowan andani negocioashpa asi poquito poquito. Asi yo ponini asi ropallatata vendini asi. Diaymanta asi platagota tinini poquitowata. Diaymantaka, granowakunaima traeni asi andashpa comprashpapaima asi comingapa campo granogota.

Español: La Suegra III

Yo viví con mi suegra ocho años y durante ese tiempo, no apreció nada de lo que hice; ni siquiera las comidas que preparé.

Cuando sabía cocinar el sambo[114], ella me gritaba, y, cuando preparaba tortillas me hablaba. Me decía: no tienes idea de cómo cocinar, pero cuando se trata de comer, comes como un chancho. Mi suegra no apreciaba nada y así tuve que vivir con ella y mis dos hijos. Mi suegro también era una persona muy mala, así mismo, lo eran mis cuñados. Tenía que lavarles la ropa y nunca me agradecían. Ella, me mandaba a lavar la ropa sin jabón y tenía que cargarla en un asno para poder llevarla a Gallo Pukyu[115].

Llegaba a Gallo Pukyu, lavaba todo el día hasta las seis de la tarde. A partir de lo que yo llegaba, mi suegra me mandaba a moler chuchuca en una piedra, antes de empezar a cocinar.

Luego me gritaba:

¡No trajiste nada de berros!.

¡Tienes que cocinar con berros!.

Ella, también salía a emborracharse durante tres o cuatro días seguidos con mi suegro, regresaban borrachos y me gritaban:

¿Has cocinado algo?; entraba a la cocina, cogía un cucharón y revolvía cualquier cosa que se estaba cocinando.

Así, pasaba mis días, muy triste.

Yo, también cuidaba a los chanchos de ella, nunca me daba las gracias. Eran muy desagradecidos y tacaños. Bebían y bailaban con sus amigos todos los días.

Ellos eran felices, mientras su nuera, se quedaba en la casa sufriendo.

Me separé de ella cuando me fui a vivir a mi propia casa con mis hijos, esta estaba hecha de paredes de barro, no tenía puerta y utilicé esteras de totora [116] para cubrir la entrada. Viví una vida triste.

Yo iba a hacer pastar a las ovejas mientras hilaba lana, mi suegra me gritaba:

¿Si sabes cómo hilar la lana?.

¡Hilas como hombre!.

Pero yo, si podía hilar y continuaba hilando mientras pastaba a las ovejas.

Cuando iba a Yacu Rumi[117], al bosque o a la montaña con las ovejas, lo único que mi suegra me decía era:

¡Traerás leña de la montaña!.

---

[114] El sambo es un tipo de calabaza que en Norteamérica se lo conoce con el nombre de "melón de invierno". En Ecuador se la conoce como sambo.

[115] Vertiente de agua natural que se encuentra cerca de Pijal.

[116] Del kichwa *tutura* es una planta de tallo largo muy común encontrarla en los esteros.

[117] Yaku Rumi es el nombre de un área cercana a Pijal. Su traducción desde kichwa es 'Piedra de Agua'.

Regresaba cargando leña con un niño en la espalda.

Mucho tiempo después, mis hijos y yo fuimos a vivir lejos de ella. Ahora yo vivo en paz con mi esposo; aunque antes me golpeaba, escuchando siempre los consejos de su madre. Mi suegra era muy mala, Ella le decía:

¡Pégala!, y, él la obedecía.

Empecé a tener un pequeño negocio de ropa que vestimos en nuestra comunidad y voy mejorando para comprar los alimentos que me hacen falta.

English: Mother-in-law III

I lived with my mother-in-law for eight years, and for eight years she didn't appreciate anything I did, especially the meals I prepared. When I'd cook *sambo*[118] she'd yell at me or when I'd cook tortillas she'd yell at me. She'd say "You have no idea how to cook, but when it comes to eating, you eat like a pig!"

My mother-in-law didn't appreciate anything, and I had to live with her and my two children. My father-in-law was also a really mean person and so were their three children. I would have to wash their clothes for them and they would never thank me. My mother-in-law would send me to wash without soap and I would have to load the dirty clothes on to a donkey in order to carry them to Gallo Pukyu[119]. Once at Gallo Pukyu, I would spend the whole day washing and not finish until six in the evening.

After the wash, I would arrive back at my mother-in-law's house and she would send me to grind *chuchuca*[120] on a millstone before I started cooking. She would then yell "You didn't bring any watercress! You have to cook with watercress!"

She would also go out and get drunk for 3 or 4 days in a row with my father-in-law. They would come back drunk and yell "Have you cooked anything?!" She would go to the kitchen, grab a large spoon and would stir whatever was cooking before leaving. I spent my days feeling very sad.

I would also take care of her pigs, but when I'd do that she'd never thank me. They were also unappreciative and stingy with their grains. They would go out drinking and dancing everyday with their friends. They were happy while their daughter-in-law was stuck in the house in misery. I separated from her when I moved into my own house with my children. My house was made from mud walls and it was there I lived. We didn't have a door, so I used *totora*[121] mats to cover the entrance. I lived a sad life.

I would go off to graze the sheep while spinning wool. My mother-in-law would yell "Don't you know how to spin?! You spin like a man!" But I knew how to spin and I would go off spinning and spinning as I grazed the sheep. I would go up to Yaku Rumi[122], to the forest or up in the mountains with the sheep, and the only thing my mother-in-law would say is "Bring back firewood from the mountains!" I would come

---

[118] Known as a "winter melon" in North America. Young *sambo* tastes like and can be prepared like zucchini. Once ripened, its outer layer resembles that of the spaghetti squash. In colonial times all types of gourds were referred to as *calabazas*.

[119] The name of a natural spring near Pijal.

[120] *Chuchuca* is the name given to corn when it is harvested just before fully ripening. It is boiled until soft and then left out in the sun to dry. Once dried, it is made into cornmeal by grinding and sifting the corn, which is then used to prepare soups and other foods.

[121] Totora (*Schoenoplectus californicus*) is a tall, thin and dark green water plant found in marshy areas throughout the Americas.

[122] Yaku Rumi is the name of an area near Pijal. The name translates to 'Water Stone' from Quichua.

back carrying firewood with a child on my back. After a long while my children and I left and lived away from her.

After separating from my mother-in-law I lived with my husband. I now live peacefully with him, but before he would always hit me because he would listen to his mother's advice to do so. My mother-in-law was so mean. She would yell "Hit her!" and he would do so.

Now that we live separately, I am running a small business and little by little we get by. I sell the type of clothing, I'm wearing now[123]. So now we are making a bit of money. Now at least, I have enough to go buy the grains that I don't have planted.

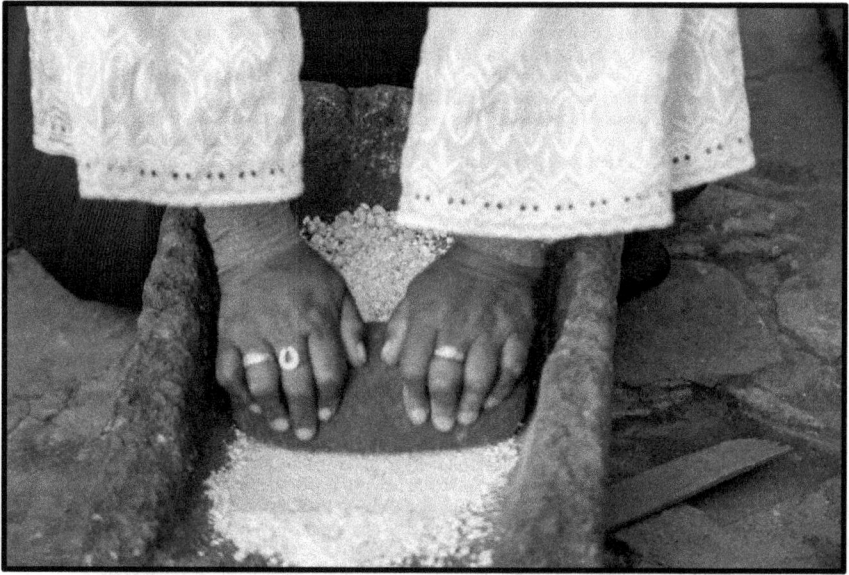

---

[123] The storyteller was wearing the traditional broidered garments from Cayambi.

19 Suegra IV

Relatado por/ Told by: Anónimo

Yomi mio suedramanta conversagrini. Mio suedraka,
nuerapakpish no kirirkachu yotaka mas que todo pobremi
dezishpa "Ondepita uno wachu terrenotapish tiningui?"
dezishpami no kirirka.

Ellaka interesada, rica nuerata kirishkami, ellaka karka.

Diayka, asi no kirikpikpish mio maridoka yota ishpa
casararkanchimi, ellaka diunavez aborishpa hablarka
nuestrotaka.

Coznakatapish no cazushpa ni nikigota azikpi por mas
ellaka sola kashpapish viudamari kaytaka. Pero aun asi ellaka
no cazukarka nikita nuestro azikata no cazushpa.

Asi hablankarka mio mamapa casaman llegakpikpish,
ellaka diunavez enojado enojado vijuna, mio mamataka "Para
queta venin?" asi dezishpa.

Como ellapish sola kashpaka de parte a parte asi
conversanaimaka no sabinkarkachu. Ella enojashkalla vivina
asi cada venishkata ellaka enojashka andajuna juiziota.

Diaymantaka mio maridotapash, ella mandankarka
"Ondeman ina kashpapish? Vamos!" dezishpa. Diayka,
ellallawan andankarka. Yotaka no llevachu karka casapi
quedashpa yoka coznashpa ese vacakunaman asi andanata
sabirkani.

Diayka, cuatro añota vivishpa ya separarkani
suedramantaka uno casawata azishpa. Casatapish suedrapa
terrenopimi azirkanchi. Ese terrenopi azishkamantapish hasta
juizio juiziotami hablaka nosotrostaka. "Mio alpallapita casata
azishpa vivinajunguichi!" dezishpaka. Tukuy mandadotami
vivirkarkani azishpa asi once añotami.

Elpa mandadopimi vivirkanchi aparte vivishpapish.
Puertapi golpiangapa vivinkarka casamanka. "Jalay! Veamari
puncha!"

Para las cinco o cuatro y mediollata veninkarka golpiashpa
puertata "levantaychi vamochi trabajangapa
dormijuringallachu estas horaskaman" dezishpami
hablankarka. Sin desayuno sin nada esas horaskunaka
ikarkanchi madrugashpa. Diaymanta azingapa arriba uno

corporativapi ellaka socia karka. Eseka ayman llevankarka aveceska a las tres de la mañanata ikarkanchi trabajangapa aypi. Aveceska, tardita azikarkanchi chichagoima asi motigoima coznashkata cargashpa ikarkanchi estas horas. Diayka, las diez las once de la mañanata volvimunkarkanchi.

Las tresta ishpaka wawakunatapi asi dejashpa irkarkanchi. Ellaka pero no vikarkachu wawakunatapish nikipi ellaka otro hijokunapatallami kirinkarka kirintapipash. Mio wawakunataka no tanto juiayshpachari otro nietokunataka ashtota juiziotami kirinkarka. Diayka nuestroka asi trabajashpa volvimushpa wawakunataka. Ya vuelta, elkunamandi desayunotak dakarkanchi mio mamitaman dejakarkanchi encargashpa "Vipangui." Dezishpa. Ellaka ya desayunotapish ya dashpa wawakunataka asi cuidashpa tininkarka.

Uno wawata enfermota yoka tenerkani casi hasta horami postrado amio wawami Joseka. Diayka, ella karin aborita aburikarka "Dejaymanmi mejores morichunpay! Huahua Huahua" dezishpa "vivinguichilla curachishpa! Mio longokapay trabajanpay esepay jambikunallata comprashpa andangui!" dezishpa juiziota hablankarka.

Elka trabashpa cercahora quienpapash wawakakpichu dejaringa. Eltaka chiquitowataka juita curachishpa andarkarkanchi. Ese doctorkunapamanka cada ishkata jarabekuna mandakpika ellaka juita hablana.

Pay "tonteraskunata azishpa andanguichi" dezinshpa "ni aquipi no ayudanguichi" dezishpa. Ayudashpa kakpipash no cazonkarka nikigota ni coznashkata ni nikita.

Diapash otro nuera rica azishkataka, ay dios mio ni lavagrichun ni coznagrichun ellataka no mandankarka pero nuestroka otro cuñadandi ellandi dos nuerataka arta aborrita aborrishka siesque posible nikipa no valichishkakuna vivinchi ahorakaman.

Asichari destino karirkayari no kirijunpipash elpa hijowan casarashpa vivishkani ahorakaman y no cazojukpipash. Y ahora vuelta este, ella enfermakpika nuera rica tukushka ese tinin. Tukushkakunaka ni ladomanpish no vita ni ven. Nuestro ese pobrekunallatami enfermokakpipish cuidashpaima ese karinpishpay mas que agua tibia ollatapish dashpa andanajunchi ahorapimi. Recien cuentata dayarin pero aun asi otro ese primero hijotaka no dejanchu arta cada diami visitagrin pero nuestropaman no venichu venintapish.

Ese mio wawakunapash no mucho kirinchu ellataka lo que asi no llegan, no juillanka. Mas que todo juyaillatata esekunapaman asi llegakpi llegashpa andajun.

Y asi terrenoimapish no tinikpikarin diunavezta pay "Pobre kanguichi. Ondepita sembragrin? Sembray mayllapi." dezishpa hablana.

Diayka, nuestro uno poquito terrenowata comprashpa casataka azerkanchi ese casagota azishpa ya. Ayman pasashpami yoka ya mio suedrataka respondinkarkani. Elpa casapi elpa terrenopi casata azishpa kashpaka ella oita oirkani "Quita!" dezijupapish.

Hablajukpipish oilla karkani, mejor esepa oishpa pasankarkani. Diayka, cazata azishpaka ese diamantami ya yoka respondirkani. "Quita!" dezijukpipish respondishpa dejarkarkani.

Diayka asi respondikpika, "Ahoraka rica tukushkaka ahoraka alpayu! Tukushkaka!" asimi respondin "Jala Carlos!" dezishpa uno viajika asi hablarka.

Diayka, asi dezikpika yoka dezirkanimi "Mio mamaka no tininchu ni terrenotapish ni ganadokunatapish ni tuyu hijota mandangapaka, ni puertata no golpiangapa venishkachu, mio mamaka tuyu hijota mandangapaka!" dezishpa responderkani yopish.

Eseka asi dezikpimi dezirka "Mio wambraka alpayumi! No quinshna sin terrenoka kanchu!" dezishpa hablawarka.

Asi entonceska yoka responderkanimi "Ondetayari terrenoka tanta fama de terrenota dezinguichi ondepitayari!? Escriturawanchu?! Darkanguichi quitayari! Haber, ahoritami amostrarwagui escriturata para decir sin escrituraka mio mamapish tininmari mas que atras laderakunapi dezin" responderkani.

Asi respondikpika juizio juiziotami maspish, hablana asi "Ahoraka rica tukushkakuna asikunam, ahoraka!" hablan.

"Ondepipish no sembrayta podishpapi andanajun" dezishpa. Pobrekunakapishchari asi hablanakarka diunavez.

Diayka asi coznashpaima yo llevakpipish no cazona no comishpa andan ellaka asi otro hijopi comigrishpa, comidagota rechaza shpa asi "Comidatachu cominga wambrakunaka azishpa?" dezishpa.

Batijun platopika dakpipish cucharawan bati bati azishpa parajuna vishpa.

Diay, "Ese comidataka comingacha wambrakunaka" dizshpa parajuna no cazushpa comidata dakpika.

Diayka, "No cazukpika ni mas no coznashachu conzaytapish".

Diayka yoka no coznashpa dejarkani almuerzotaka, esellatata de mañana desayunotaka, hervichirkani toditoman. Diay ni almuerzota no acabarka ese comidatak.

Tardipish yoka esellatata azirkanimi mejor yopish mio mamapaman irkani comingapa almuerzotaka.

No comerkanichu ondepi vivirkani no comishpa. Tarde meriendata esellatata azikpika.

Diayka, aypimi resentirka "Granochu no abirka otro comidata azingapa!"

Comidata artota yoka coznarkani ese acabangakaman yoka hervichisha dezishpa responderkani. Eseka, juizio juiziota hablashpa andajuna asikuna "Osiosokuna! Vagakuna! Morinajuna payakuna! asi payakunaka comoshi vivinga? Pay joven warmi payakunaka breve breve conzinaymanmi!" dezishpami hablana. "Juiziota wawakunata tinikpipish wawakunataka a ellapita tininajunlla!"

Diayka ellapak ganadokunaka cuidashpalla nuestroka andarkarkanchi andaytapish no nuestroka tenerkanchichu. Separado vivishpa nosotroska ganadotaka tenerkanchi puercoguima. Sinoka solo ellapa gastopaklla.

Ellapa muchachashnami vivirkanchi nuerakunaka.

No buenochu karka, malo malomi karka.

Español: La Suegra IV

Voy a hablar de mi suegra:
Ella tiene varias nueras, yo no le agradé en absoluto; por ser pobre. Ella me preguntaba:
¿Dónde está tu parcela de terreno ah?.
Ella, era una persona interesada; tenía una nuera que era rica, y, a ella la quería mucho.

Cuando mi marido y yo decidimos casarnos, nos decía muchas cosas porque nos aborrecía, nunca fue agradecida por la comida que le preparaba.

A pesar de que ella vivía sola, como una viuda, era ingrata y nos fastidiaba por todo. Gritaba en cualquier momento, mucho más cuando yo visitaba a mi mamá.

Cuando venía mi mamá a visitarme, ella se ponía furiosa y le preguntaba: ¿por qué has venido?.

Las dos eran viudas, yo pensaba que por estar solas se llevarían bien.

Le ordenaba a mi marido que la acompañara a donde ella fuera, y, le decía: ¿dónde crees que vas?, ven conmigo y tenía que ir con ella. No quería que yo les acompañara, me quedaría en casa cocinando y cuidando las vacas.

Después de vivir con mi suegra durante cuatro años, finalmente la dejé y construimos nuestra propia casa. Como no teníamos terreno, construimos la casa en un lote de terreno que era propiedad de mi suegra. Por haber construido allí, ella nos gritaba diciendo:
Ustedes dos están viviendo en una casa construida sobre mis tierras.

Pasé once años de mi vida siguiendo sus órdenes; pero bajo su control.

Ella venía a nuestra casa, golpeaba la puerta y gritaba:
¡Despierten!.
¡Ya hay luz afuera!.
¡Es hora de trabajar!.
¡No deberían estar durmiendo a estas horas!. Esto sucedía a las cuatro y media o cinco de la mañana.

Sabíamos levantarnos sin tener la oportunidad de hacer desayuno, íbamos a la Cooperativa donde ella era miembro a las tres de la mañana para trabajar. En la víspera de salir a la cooperativa, hacíamos chicha y mote para llevar, regresábamos a las diez u once de la mañana. Debido a esto teníamos que levantarnos a las tres de la mañana para ir a dejar a nuestros hijos con mi mamá; por cierto mi suegra nunca cuidaba a nuestros hijos; pero ella si quería a sus otros nietos.

Terminábamos de trabajar en el día e íbamos a la casa de mi mamá para recoger a los niños.

Tengo un hijo que se llama José, él tiene problemas de salud. Cuando mi suegra estaba de mal humor decía, deja que ese niño mejor se muera, ya que, te pasas todo el tiempo llevándolo al médico. Mi hijo trabaja y trabaja para que puedas ir a comprar los remedios; ella decía cosas como esta:

Si mi hijo no estaría trabajando cerca, él lo dejaría a ese niño.

Cuando nuestro hijo era pequeño íbamos al consultorio del médico muy seguido; y él nos enviaba a comprar jarabe.

Mi suegra nos gritaba y decía: mientras ustedes están afuera perdiendo su tiempo nadie está aquí para ayudarme; pero cuando le ayudábamos nunca en su vida dio las gracias.

Tendrían que verla con sus otras nueras que son ricas; ¡Dios mio!, ella nunca les manda a lavar, a cocinar, pero a mi y a otra cuñada que nos odia, nada de lo que hacemos le parece suficientemente bueno, hasta el día de hoy.

Quizás era un karma, ya que no quería que su hijo se casara conmigo y que ella nunca me agradeciera por nada. Ahora que está llegando a su vejez, se ha enfermado y resulta que su nuera rica había sido falsa con ella, porque esas son unas farsantes, nunca están junto a ella, nunca la ven, ni la visitan. Hoy se siente incapaz de valerse por sí misma, somos nosotros, "los pobres", que se ocupan de cuidarla. Recién ahora ella ha empezado a darse cuenta de lo que valemos, pero aun así, todos los días ella va a visitar a su primer hijo, quien también la cuida, pero ella nunca pasa por nuestra casa para saludarnos.

Mis hijos no la quieren mucho a ella, nunca nos visita y no es nada agradable con ellos. Más que nada, cuando llega a las casas de sus otros nietos ella les demuestra mucho cariño.

Cuando no teníamos un gran lote de terreno ella nos decía:

Ustedes son tan pobres - ¿Dónde están las semillas que van a ser plantadas?. ¿En el lavabo? Finalmente pudimos comprar un lote de terreno de ella. Después de que nos pasamos de casa empecé a defenderme. Mientras estábamos construyendo nuestra casa, sabía escucharla decir:

¡Fuera de aquí!

Cuando ella gritaba, yo, solo la escuchaba. El día que terminamos la casa, yo le respondí cuando ella dijo: ¡fuera!, y, cuando me fui, la insulté.

Mi suegra le dijo a mi marido en uno de sus viajes: ¡oh mira Carlos!, ahora ustedes son ricos, terratenientes orgullosos.

Me enteré de lo que le había dicho y le respondí: mi mamá no tiene terrenos ni ganado, pero ni así ella viene a nuestra casa a exigir, que haga cosas por ella; cuando dije esto, ella respondió:

¡Mi hijo tiene el terreno!

¡Mi hijo no es un Donnadie sin terrenos!, entonces respondí:

¿Dónde están los terrenos que tanto dice que tiene?

¿Tiene las escrituras legales?. Si usted nos entrega, nosotros podríamos irnos, muéstreme las escrituras en este momento; sin documentos mi mamá tiene más de lo que usted tiene en esa ladera. Luego de que le dije eso, hemos peleado aún más con ella y decía: ahora ustedes ya son ricos y pretenciosos, no pueden ir plantando por donde quiera; habló esto como cuando éramos pobres.

Cuando vivía en su terreno yo sabía cocinar bastante, le llevaba su comida, nunca agradecía ni tampoco comía; sabía ir a la casa de uno de sus hijos para comer y rechazaba la mía, sabía decir: ¿esta comida fue hecha por los niños?; revolvía la comida en la taza con la cuchara, quedaba viendo mientras removía una y otra vez, se paraba y decía:

Tal vez los niños comerán esta comida; ella nunca daba las gracias, hasta que finalmente le respondí:

Si vas a ser desagradecida, nunca más voy a hacer la comida para usted.

A partir de entonces, dejé de cocinar cada comida por separado; lo que hacía para el almuerzo lo recalentaba para el desayuno y les daba a todos.

Si no terminaban el almuerzo, yo les recalentaba para la merienda y me iba a la casa de mi mamá.

Yo no comía con mi familia política; porque mi suegra estaba resentida y me decía: ¿no habrá más granos hasta que puedas hacer una comida diferente?, entonces, le contesté: yo he cocinado un montón de comida y hasta que no la terminen, voy a seguir recalentándola; entonces, ella respondió gritando: ¡eres perezosa!, ¿cómo puedes vivir así? , no sirves para nada, estás tratando de matar a tus mayores. Las mujeres jóvenes, se supone que deben cocinar para sus viejos; acordándose de la discapacidad de mi hijo, entones, me gritó: ¡tú diste a luz a tus hijos uno después del otro!, se supone que tenías que esperar.

Vivíamos como sus sirvientes, cuidábamos de su ganado, pero nunca nos pagaba nada. Ella no era una buena persona, realmente era muy mala.

English: The Mother-in-law IV

I am going to talk about my mother-in-law. I am one of several daughter-in-laws that she has and she didn't like me at all because, as she would say, I'm 'poor'. She'd say "Where's your parcel of land, huh?"

She was a self-interested person. She had one daughter-in-law who was rich and she liked her a lot. When my husband and I had decided to get married, she said a lot of hateful things to us. She was never grateful for the food I'd cook or anything else I would do for her even though she lived all by herself as a widow. Even in her circumstances she was ungrateful for the things we would do. She would just nag us about everything.

She would also yell at me anytime I went to my mom's house to visit. Sometimes my mom would also come over to visit me, but when she'd arrive, my mother-in-law would glare at her and say "Why have you come?!" Since my mom was also a widow, I would have thought that they would have gotten along since neither one had someone to converse with. She was always angry and every time my mom would come over, she'd be furious.

She would also order my husband to go with her wherever she went. She'd say, "And where do you think you're going? Come with me!" and he would have to go with her. She wouldn't bring me along, instead I would stay in the house cooking or I'd go off and attend to the cows.

79

After living with my mother-in-law for four years, I finally left her and we built our own house. Unfortunately, since we didn't have land, we built the house on a parcel of land owned by my mother-in-law. For having built it there, my mother-in-law yelled and yelled at us. She'd say "You two are living in a house built on my land!" I spent eleven years of my life being ordered to do everything by her.

Although we didn't live with her anymore, we were under her control. She would always come to our house, knock on the door and yell "Wake up! It's light out!" At four-thirty or five in the morning, she'd be banging on the door yelling "Wake up! It's time to go to work! You shouldn't be asleep at these hours!" We would wake up and be out the door without even having a chance to make breakfast. We would have to go up to the Cooperative where she was a member. She would sometimes take us up to the co-op at three in the morning to work. Sometimes in the afternoon on the day before the departure to the co-op, we would make *chicha*[124] and hominy to take up with us. We would then come back around ten or eleven in the morning.

We would have to get up at three in the morning and leave our children with my mom so she could look after them. My mother-in-law would never ever watch after our children, but she loved her other grandchildren. I don't think she loved my children as much as she did her other grandchildren. After we'd finish working for the day, we'd go to my mom's house to pick up the children. We would send them to my mom's house with breakfast and we would leave them with her and say "Please take care of them." She would give the children the breakfast and take care of them throughout the day.

I have one child named José who has medical problems, but I've always taken care of him. One time she was in a really bad mood and she said, "Let that child go! It's better if he just dies! You spend all your time taking that child to the doctor!" My son works and works so that you can go off to buy those remedies!" She would even say things like "If my son wasn't working nearby he would leave that child!" We would take our child to the doctor to get medicine when he was young. Every time we'd go to the doctor's office and he would send us to buy syrup, my mother-in-law would yell at us. She'd say, "While you guys are off wasting your time, no one is here to help me!" But when we're there helping out, she's never once in her life said thank you, never.

You should see her with her other daughter-in-laws who are rich, though. Oh my God! She never sends them to wash or cook, but for me and another daughter-in-law who she hates, nothing we ever do is good enough for her, even to this today.

Maybe it was karma that she didn't want her son to marry me or that she's never thanked me for anything, but now she's become ill in her old age and it turns out her rich daughters-in-law wants nothing to do with her. These phonies are never by her side, never see her, and never visit. When she's unable to care for herself, it's us, those 'poor people', who take care of her even if it's just by giving her a pot of warm water. It's only now she has begun to realize our worth, but even then, she'll go and visit with her first son (who also takes care of her) but she'll never stop by our houses to greet us.

My children don't like her very much either, since she never comes over, and she's not nice to them. More than anything, when she arrives at the houses of her other grandchildren, she gives them a lot of love and attention.

When we didn't have a large piece of land she would say, "You guys are so poor. Where are the seeds going to be planted, in the sink?" We were, however, finally able to buy a piece of land from her. After we moved in, I started to defend myself from my mother-in-law. Since we were in her house and on her land while we were building our house, I used to hear her say "Get out of here!" When she would yell, I would just listen. The day we finished the house, I responded back when she said "Get out!" and as I left I gave her a piece of my mind.

When I started talking back to her, she said to my husband, on one of their trips "Oh look Carlos, now you guys are rich, pretentious landowners!"

---

[124] *Chicha* is a fermented beverage often made from corn traditionally consumed throughout South America. It can be mixed with or without alcohol.

When I heard what she had said, I replied to her "My mom doesn't have land or cattle nor does she come to our house demanding that your son do things for her!"

When I said this she responded back "My son has land! He's not just some landless 'nobody'!"

So I said back, "Where might this land be if, as you say, you are so well known for having land!? Do you have the legal documents?! If you give them to us, we might leave! I want you to show me the legal documents right now! Without documents, my mom has more land on the hillside than you do!"

After I said that, we fought even more, she said "Now you guys are just rich and pretentious wannabes! You can't just go around planting anywhere you want!" She scolded us as if we were poor.

When I lived on her land, I would cook a lot and when I would bring her food, she'd never thank me and she'd never eat it. She would go to the house of one of her son's to eat and refuse my food.

She would say "Was this food made by the children?" When I would give her food, she would stir the bowl with her spoon. She would just stand there starring at it while she stirred over and over again. Standing there she'd say "Maybe the children will eat this food." and she'd never say thank you.

I finally replied, "If you're going to be ungrateful, I'll never make food for you again." Since then I stopped cooking each meal individually; whatever I made for lunch I would reheat for breakfast and give to everyone. Since they didn't finish their lunches, I would reheat them for the evening meal and I would go to my mom's house. I didn't eat with my in-laws. I would leave the leftovers from lunch for dinner and I wouldn't eat dinner when they'd heat it up.

She became resentful and said "Aren't there any grains so that you can make a different meal!?" I replied back "I've cooked a lot of food and until you finish it, I'll keep reheating it." She got really mad and went around yelling "You are lazy and good for nothing! You're trying to kill your elders! How can you live like this?!" Young women are supposed to cook for their elders!"

Blaming me for my child's medical condition she once yelled "You gave birth to your children one right after the other, you are supposed to wait!"

We would also watch after her cattle since we didn't have any (until we separated from her). We lived like her maids and she wouldn't pay us anything. She wasn't a good person. She was really mean.

Cuentokuna

Cuentos
Folktales

****

82

20 Chificha
Relatado por/ Told by: Mercedes Tabango

Uno tardeka huahuakunaka ishkashi pakajungapak
casamantaka bosqueman. Bosqueman ishpaka, ese arto
arbolkunapimi andanajushkami huahuakunaka. Aymantaka
quebrada ladoman saligrishka y mama mosco abishka y ese
billikukunaima arto agua ese charcopi.

Y diayka elkunaka pensashka "Oromi abinyarin."
dezishpa. Diayka no oro kashkachu.

Eseka mal olormi abishka arto ese charcopika arto
basurakunata botashka kaymanta. Esemi aypi andajushka uno
mama mayor mayor mamago aypi cabezata rasparijushka y
ese liendraskunatashi comijushka. Diay huahuakunami
llamashka "Shamuy! Shamuy!" y dezishpa y ese mama
mayorka no ishpa esperajushka aypita. Y diayka
huahuakunaka llegashpa, "Quinta kangui?" dezishpashi
preguntashka huahuakuna comomi curioso curioso
huahuakunaka eseka. "Yoka chifichami kani." dezishpami
avisashka. Y diayka chifichaga mas huahuakunata enquitashka
"liendrasta dasha y eseka mishki mishki lindrasmi
osatapashmi dasha" dezishpa huahuagunataka enquietajushka.
Y diay enquietashpaka ellapa cabezata chapachun mandashka.
Diay huahuakuna como curiosokunaka nuca ladoman
llegashpa vinajushka. Diayka ese nucapika abishka ese otro
boca.

Y diayka aymanka no llegachu huahuakunaka kirishka.

Diayka ese vieja mamaka "Anchury! Anchury!" dezishpa
aladeachishka. Ahipika huahuakunaka nucaman llegajukpika
"Quitay! Quitay!" dezishpa "quitachishka ladoman no ese
bocaman llegachun."

Y diayka huahuakuna como nesioka pues chapashpa bueno
kashka ese boca aypikatak.

Diayka huahuakuna vishpaka ay mancharishpami
vinajushpa "Comota asika kanga?!" dezishpa "y ese bocapika
cormillokunashpa filo filomi sentanjushka huahuakunata
comingapa!"

Ese huahuakunaka mancharishpaka juizota ishpa quedan
otropish desmayashpa. Diay otrokunaka corrishpa corrishpa

83

vinajushpapish. Y ese chifichaka pues cogigrishkallatama atras atras ijushpa. Y ese chificha no quedashka ganazowanka y ay huahuakunata comingapa pues comishpa bueno kashka. ese nucapi tinin ese bocawan pero.

Ese huahuakunaka llegashka uno lomaman y encontran uno condorta.

Diayka dezishka ese condorka "Nuestrotami vigilajun!" vigilashpami elka ese condorka "Andajun nuestrotaka!"

Diayka ese condorka "tranquilos tranquilos no corrinajuichichu aquiman escondichiy" dezishkashi huahuakunapish.

Y diayka ese chifichaka llegashpaka hambrienta hambrientami kashka dezimari huahuakunata hastapash pepakunandipash tukuywan ese encontrashpaka comishpa bueno kashka aypika.

Y condorta preguntashka ya vuelta encontrashpaka, "ojala nochu verkangui uno huahuakuna pasakta aquita" dezipika.

"No tranquilo tranquilo aquipika nadami no abishka" condorka contestashka.

Chifichaka "Ese manokunamantaka cuandota quitagringui ese pulgakunata?" zishpa avisashka.

Diayka "Cojiy ese aireta, eseka tan poderosomi" dezishpa avisashka chifichak.

Diaymantaka ese salishkashi revolcashpa ese charcomanllata, ese charcopika villikukunaka arto artokapika mas mas ellaka trastonashka dezin adentroman. Y diayka sancudokunapi ella tarda maspash arshta comishpa siguijushka dezin.

Seis de la tardeta y ella segue boscashka mas huahuakunata, y mas huahuakunata boscashka boscashpa comishpa mas ellaka engordashpa seguijushka.

Español: Chificha

En un bosque denso y espeso, los niños fueron a jugar a las escondidas, una tarde; se acercaban a una cascada donde aparecieron bastantes moscas y renacuajos en un charco de agua, entonces pensaron entre ellos:

¡Aquí debe haber oro!; pero al final no encontraron nada.

Había un mal olor que venía de ese charco, ya que, habían botado basura.

De repente apareció una anciana rascándose la cabeza y comiendo liendras[125], y, empezó a decirles: vengan, vengan mientras seguía caminando; cuando los niños la alcanzaron le preguntaron con curiosidad; ¿quién es usted? y ella respondió: yo soy la Chificha y les voy a dar piojos y liendras muy dulces. Al oír esto los niños se inquietaron por ver su cabeza, estaban tan ansiosos que empezaron a trepársele hasta llegar a su cuello; en ese instante se detuvieron al ver que otra boca había crecido en el cuello.

La anciana no quería que los niños la descubrieran así que empezó a gritar: ¡quítense! ¡quítense!, ¡váyanse a un lado!; pero como los niños eran tan curiosos y necios querían ver la boca de cerca, y, cuando la vieron gritaron:

¿Cómo es posible, tienes dentro de la boca colmillos afilados para comer a los niños?.

Los niños estaban asustados, unos empezaron a correr y otros se desmayaron, entonces la Chificha empezó a perseguirlos porque eran muy apetitosos para ella.

Hasta que al fin los niños llegaron a la cima de una loma y vieron a un cóndor y le rogaron:

-Por favor protégenos.

Mientras el cóndor se acercaba, los niños le decían, ven con nosotros; así el cóndor les respondió:

-¡Tranquilos, tranquilos no corran mejor escóndanse bajo mis alas!. Enseguida la Chificha llegó a la cima de esa loma porque estaba hambrienta y con ganas de comérselos a pesar de que ella sabía que había muchas semillas y suficiente comida en el bosque.

En ese momento, cuando la Chificha encontró al cóndor le preguntó:

¿Por aquí no hayas visto pasar a unos niños?.

El cóndor respondió:

No tranquila, no he visto nada fuera de lo normal.

La Chificha no le creyó y le volvió a preguntar:

¿Cuándo te vas a quitar esas pulgas de las alas?; ella trataba de descubrir si el cóndor estaba escondiendo algo y le volvió a preguntar:

Ya que tú eres tan fuerte, aletea y verás como te las quitas de encima.

---

[125] Los liendres o liendras son los huevos de los piojos.

85

El cóndor aleteó y al hacerlo arrojó a la Chificha a un charco lleno de mosquitos; cuando ella trató de huir al bosque los mosquitos la perseguían para picarla.

Eran ya las seis de la tarde en el bosque, ella continuaba buscando más niños, mientras los buscaba comía cualquier cosa que estaba alrededor para seguir engordando.

English: Chificha

One afternoon some children went to play hide-and-go-seek in a thick and dense forest. As they arrived at a ravine, they came across a pool of water filled with flies and tadpoles. They thought to themselves, "There must be gold here." But they found nothing. There was a foul odor coming from this pool and a lot of garbage had been strewn about. A very old woman then appeared, scratching her head and eating nits. She called out to the children "Come! Come!" as she walked away.

When the children finally caught up they curiously asked "Who are you?" She said "I am Chificha". Now the children were even more interested. She continued, "I will give you delicious nits and lice!" The children then started begging to see her head. The children grew so anxious they started climbing on top of the old woman until they reached her neck. They stopped cold in their tracks when they saw that a second mouth had grown out of her neck. The old woman didn't want them to see it so she yelled "Get off! Get off!" as she pushed them to the side. She then said, "Go around! Go around to the other side and avoid the mouth." This time around, however, the children were foolish and wanted to get a good look at the mouth. When they saw it, they were so frightened they yelled out "How is it possible?! Inside there are sharp fangs for eating children!" The children were so scared that some ran away and others fainted. Those that ran had also seen the mouth, so the Chificha started after them. She had such a craving to eat the children since they were so tasty.

Finally, the children arrived at the top of a hill where they saw a condor. A child pleaded with the condor saying, "Please protect us! As the condor flew down, they said "Please come with us!" The condor then said to the children, "Calm down, stop running and hide over here under my wings." Finally the Chificha arrived at the top of the hill. She was starving and craving the children even though there were seeds and the forest was plentiful with good food to eat.

She went to the condor and asked "You haven't by any chance seen some children pass by here?" The condor answered "No, I haven't seen anything out of the ordinary around here." Not believing the condor, the Chificha then said, "When are you going to remove those fleas from your wings?" trying to get him to reveal if there was anything hidden there. She then said "Flap your wings since you're so strong! That should throw them off." So the condor did and in doing so knocked the Chificha into a cesspool full of insects. She climbed out and went further and further into the forest and the mosquitos followed biting away at her. Still, at six in the evening, she was searching for more children, but as she looked she ate whatever was around and got fatter and fatter.

86

21 Padre sin Cabeza y la Viuda
Relatado por/ Told by: Lucía Gonza

Preambulo:

Ahora irkanchi ahí? Atras potreroman? Aypimi nochu
verkanchi ese grande piedrakuna botashkata ay potreropi?
Diaymanta, mas alla arribamanmi abin, ay plantacion dentropi
abin uno grandote piedrarukukuna. Ese piedra ay adentropi
casashna asi piedrakunami aypi. Aymanta salishpami
andankashka dezin. Ese uno lomakuna nochu abirka.

Relato:

Ay ese lomatami trastunankashka dezin; pero padreka sin
cabeza padremi kanata sabishka dezin. Ahyta ese verkakunaka
diunavezmi. Diunavezmi mal vientota dakpika casitomi
morishka dezin aypika.

Y asillata ese piedra ladowapipash otro vertiente abin.
Aypipash uno viudami abinkashka dezin. Ese abajo pana, ese
monjakunapa casa rectomanta asi panawanlla llevashpami
andan dezin.

Ay ese pukyuman llevankashka dezin ese viudaka. Ayman
ishpaka ese jarikuna ese viudata seguishpa ishpaka aypika.
Bañanajunatami sabishka dezin ese kochapi. Y ese viudaka no
carata vichinchu kashka dezin. Asi escondishkallami kashka
dezin.

Diayka chumashka jarika ishpaka diamalas pelomanta
cogishpami asi vishka dezin. Ayka asimi pelota alzachishpa
vikpika toditomi calaveralla kashka dezin.

Ese warmika, ese padre sin cabeza ondetami trastornashka
aytami ellapash ishka trastornangapa.

Español: El Padre sin Cabeza y la Viuda

¿Usted recuerda dónde fuimos hoy?. ¿Allá en el potrero? ¿Usted vio esas piedras grandes que fueron arrojadas por el volcán?. Lejos de aquí hay una plantación con algunas piedras grandes, tan grandes que parecen casas. Se dice que el padre sin cabeza aparecía por los alrededores de esas lomas. *(Este preámbulo fue realizado por la narradora de este cuento).*

Se dice que el padre[126] sin cabeza salía de esas lomas. De vez en cuanto hay avistamientos de él. Dicen que a los que le han visto les ha dado mal viento[127] y algunos casi han muerto.

Cerca de una de esas rocas grandes hay una cascada; una viuda vive allí; cuentan que ella sale a caminar por la Panamericana y llega hasta una casa grande de una monja, que está a lado de la carretera.

Algunas veces hay hombres que caminan por ahí, entonces la viuda los sigue, los lleva al lago y los baña. Se dice que la viuda no les deja ver su cara, siempre la mantiene escondida.

Se comenta, que una vez un señor, estaba borracho, él le cogió el cabello y le vio la cara, que era todita calavera. Se dice que ella regresó por las mismas colinas por donde salía el padre sin cabeza.

English: The headless Priest and the Widow

Preamble:
Do you remember where we went today? Out in the pasture? Did you see those large rocks that were flung from the volcano out there? A bit further up from there, there's a plantation with some huge old rocks. They're so large they look like houses. It was said that the headless priest appeared from some hills around that area.

Story:
It was said that a headless priest came out of the hills. From time to time, there are sightings of him up there. It's said that he's given some people cases of *mal viento*[128] and some have almost died from it.

Near one of the large rocks up there, there is a waterfall. It's said that there's a widow living there who comes out and walks along the Pan-American Highway until she reaches a nun's house, next to the road.

Sometimes, men will walk down there and the widow will follow them. It's said she will take them to a lake and bathe them but will not let them see her face and that it always remains hidden.

It's said that once some mean old drunk grabbed her by the hair and saw her face. When he lifted her hair up he saw nothing but a skeleton. It's said she returned to the hills where the headless priest had also come from.

---

[126] Sacerdote, cura.

[127] El mal viento es una enfermedad cuyo origen se le atribuye al contacto con un mal espíritu.

[128] A sickness attributed to bad spirits.

22 Loba y Lobo
Relatado por/ Told by: Mercedes Tabango

Yoka contagrinimi sobre de loba y lobo.
Este lobaka embarasadakashka. Diayka
embarasadakashpaka yapay dias de parirkakpika. Este loboka
"Ikashi buscangapa carnita vosmanka alimentachinami kanga"
dezishpa. Diayka eseka, ese loboka cojishkashi ese kindikuna,
conejokuna todo ese animalkunata costalpika llenachishpa asi
venihushka. Asi venihukpika uno de eseka conejo
encontrashpaka "Toditotashi cojishka ese todo ese carnitaka".

Diayka, encimitallashi ponishka conejo ponishka dezin ese
pajarokuna todo esekunata encimita. Diayka adentromanka
espinota asi ponishka.

Diayka loboka, costaltak hombrostashpa asi venijushka.
Ese espinokunaka picajurianga espaldapi dezin "ayau ayau!"
kindisillu "ayau ayauwa! Chiwaquito no pikawaychu!"
dezishpa venijushka.

Diayka, caminotaka lejota venijukpikapay "Comomi
pikashka!" dezin ese espinokuna.

Elka contento ese carnewan venin yashpa venijushka
warmi lobapamanka. Diayka llegashpaka "Yami carnewanka
venijuni!" dezikpika.

Entonces contento otro esperashka dezin comingapa; es
que ya costalmantaka trastonashka eseka encimitallashi
kashka carnika debajomanka puro eseka espinoshi kashi
"Pero para queta traingui espinokunataka!? Ese no
alimentoka! Yopaka nikipashpish no valinchu!"

Maspish juiziota pelishka ese espinota vishpa eseka,
lobaka.

Diayka ese conejotashi ya boscangapa ishka. "Este
conejomi, ese favortaka aziwan eltami traemungrini
comingapaka.

Ikpika conejota "Jajai jajai kindisilluwan llegajukpika
warmipamanka." dezipika "Warmipamanka espinollawan
llegakpika" elka contento vishka reishpa warmipaman
llegajupika solo espinokashkawan.

Español: La Loba y el Lobo

Voy a contar la historia sobre una pareja de lobos.

La loba estaba embarazada y días antes de dar a luz le preguntó al lobo:

Me pregunto si usted podría ir a buscar algo de carne, es su turno de traer la comida.

El lobo se fue y recogió *quindes*[129] y conejos y los puso en un costal grande hasta llenarlo. Cuando se dirigía a su casa, se encontró con un conejo en el camino; el conejo le dijo:

Me pregunto si todo lo que tienes en el costal es carne; entonces el lobo sacó todo lo que llevaba, para demostrar que si era carne.

Dicen que el conejo puso todo de regreso en el costal y el lobo no se dio cuenta de que el conejo cambió a los quindes y puso en el fondo espinas.

El lobo se puso en camino con el costal al hombro. Mientras continuó su camino, las espinas le picaban en la espalda y empezó a decir: ¡ay! *quindesillos*[130], ¡ay! *chiguaquitos*[131], dejen de picarme.

Como el camino de regreso fue largo y las espinas se clavaban más en la espalda del lobo haciéndole gritar en agonía:

¡Oh, como me duele!.

A pesar del dolor el lobo pensó que felizmente llegó a la casa con la carne para su esposa; ¡por fin he llegado con la carne!. Se dice que la loba estaba feliz porque estaban a punto de comer; pero mientras sacaba los pedazos de carne que estaban encima del costal, se dio cuenta de que solo quedaban espinas en el fondo; entonces la loba le gritó:

¿Para qué trajiste solo espinas?.

¡Esto no es comida!, por lo que veo, nada de lo que está aquí vale la pena comer.

Pelearon y pelearon, desde que la loba vio las espinas.

Entonces, el lobo dijo:

Fue el conejo el que me hizo esto, voy a traerlo y lo comeremos.

Cuando lo encontró, el conejo se rió y le dijo: ja, ja, yo le di *quindesillos* a mi esposa y tú le diste espinas a la tuya.

El conejo se reía tan alegremente del lobo, a una distancia prudente desde un arbusto de espinas.

---

[129] Colibrí
[130] Diminutivo en plural de colibrí.
[131] Del kichwa *chiwaquito* significa 'mirlo'.

91

English: The Wolf Couple

I am going to tell the story of the wolf couple. The wife was pregnant and days away from giving birth. She said to her husband "I wonder if you could go off and find some meat. It's your turn to prepare the food." The husband wolf went off and gathered hummingbirds and rabbits and put them into a large sack until it was full. As he was on his way home, he encountered a rabbit along the trail. The rabbit said "I wonder if everything you have is actually meat." So the wolf then took everything out of the sack to prove it was. The rabbit then put everything back in the sack but secretly replaced the hummingbirds with throns.

The wolf then threw the sack over his shoulder and started on his way. As the thorns poked him in the back he yelled out "Ouch! Hummingbirds and *chiwakus*[132] stop poking me!" as he went on his way. The trail back home was long and the thorns were digging into the wolf's back making him yell out in agony "Oh how it hurts!" In spite of the pain, he thought contently that he was coming home with meat for his wife. Once home he said "Wife, I've finally arrived with meat!" It was said that his wife was happy they were about to eat, but as she removed the few pieces of meat from the top of the sack, she realized the rest nothing but thorns. She then yelled "Why would you bring thorns!? This isn't food! From what I see, nothing here is worth eating!" And they fought and fought when the wife saw those thorns.

He said "It was the rabbit who did this to me, so I am going to catch him and make dinner out of him." The husband wolf then went off to find the rabbit. When he found him, the rabbit was laughing from the saftey of a thron bush. He said "Ha! Ha! I gave hummingbirds to my wife and you gave thorns to yours!" He continued to laugh and laugh from the thorn bush.

---

[132] From Quichua, *chiwaquito* translates to 'blackbird'.

92

23 Rezador
Relatado por/ Told by: Isabel Bonilla

Ñukanchika ese lagunataka uno cuentota sabinchi. Ese
lagunaka uno hazienda kashka dezin. Haziendamantaka ese
uno rezadora llegajushka dezin, rezador. Diaymantaka, uno
muchacha abishka dezin, ay haziendapi ese muchachaka.

Ese muchachataka ese patronka dezishka dezin "Sueltay
alkota ese viejota mordergrichun!"

Dezikpika ese muchachaka no soltashka "No soltakpik ese
viejoka?" dezishka dezin.

"Maria siesque no soltanguika, voska ya vingui" dezishka
dezin "ya vinguimi."

Diaymantaka ese muchachataka dezishka dezin "Salingui
breve! No kipish pasanata kirishpaka! Salingui!" dezishka.

Aymantataka, muchachaka salishpa ishkami. Ese
patronkunalla quedashka dezin ese patronkunaka.
Diaymantaka ese lagunaka, alotro diaka laguna amanecishka
dezin asi tapashka haziendataka todito ese cosaskunandi
abishkata tapashka dezin golpita caridata no dakpi ese
haziendata mishukuna.

Diaymanta vuelta este Compañia Kamuendoka aypika,
asillata uno trabajadorkuna abishka dezin aranajushka dezin
sembrangapa maizta. Ese maiz sembrangapa ya
wachunajushka dezin yuntawan. Yuntawan wachujukpika
llegashka dezin ese mayorgoka.

Diaymantaka elkunaka alkota soltan "Ese viejorokoka
yarjaymantami andajun" dezishpa hablashka dezin.

Esemantami eseka, asi lava bajashpa serromanta lava
bajashpa tapashka toditota.

Diaymanta otro vecinopakman ishka dezin. Vecinopika
maizta jalmanajushka dezin maizta jalmanjushka.

"Taytico ñachu jalmajungui?" dezishpa ese mayorgo
llegakpika.

"Jalmajunimi taytico no madurangachu." dezishpa
contestashka dezin ese mayor taytawaka.

Diaymantaka asipika ese mayorgoka "Jalmanajunchimi
madurangachun o no madurangachunpash" contestashka
dezin.

Ese tayta "Huahuakuna sembrashka esepakpika."
Alotro diaka jabas, quinowa, trigo hasta cosechatayta no avanzashka dezin. Asi rezadorwa dajukpi rezachika dezin, elkunaka chullu, motita dashka dezin. Aymanta, uno pilchi chichata dashka dezin contento ishka dezin ese mayorwa.

Español: El Rezador

Aquí en Pijal sabemos de una leyenda acerca del Lago San Pablo. Se dice que el lago era una hacienda donde vivía una muchacha, y, un día llegó un mendigo. Cuando el mendigo llegó, el patrón le dijo a la muchacha:
Suelta a los perros para que puedan morder a ese viejo vagabundo.
Pero la muchacha no los soltó, y, respondió:
¿Qué pasará si no suelto a los perros?
Entonces el hacendado le respondió:
María si no los sueltas verás lo que te pasa, ya lo verás.
La muchacha se dio la vuelta y le dijo al anciano:
¡Váyase rápido!
Usted no quiere pasar por aquí otra vez, ¡váyase!.
La muchacha se fue de la hacienda y se dice que el patrón se quedó por los alrededores.
Al día siguiente una laguna se había formado encima de la hacienda, cubriéndolo todo, porque los hacendados no dieron nada de caridad al anciano.
En un sector cercano conocido como Compañía Kamuendo, había algunos trabajadores que araban los campos para sembrar maíz, haciendo *guachos*[133] con los bueyes. Mientras estaban arando se dice que apareció un anciano y ellos le soltaron los perros; el anciano gritó:
¡Vengo aquí porque tengo hambre!.
Después que pasó esto la lava bajó de la cima de la montaña y enterró los campos.
Cuentan, que el anciano fue a la casa de un vecino donde estaban deshierbando el campo de maíz y dijo:
¿Estás deshierbando?.
Uno de los hombres le respondió al anciano:
Si mi amigo, estoy deshierbando porque la cosecha no va a madurar;
y el trabajador le dijo:
Vamos a seguir deshierbando aunque la cosecha no madure.
Entonces el anciano dijo a los trabajadores:
¡Hijos míos!, si este es el caso sigan plantando.
Al día siguiente había tantas habas, quinua y trigo que no todo pudo ser cosechado; mientras el mendigo había orado por ellos, el maíz, el mote y el resto de granos les fueron dados.
Este anciano les dio todo esto porque él, estaba feliz con una taza de chicha que le habían regalado el día anterior.

---

[133] Hendidura que se hace en la tierra con el arado para sembrar papas, habas, etc.

95

English: The Old beggar man

Here in Pijal, we know a legend about Lake San Pablo. It's said that the lake used to be a farm. It's said that there was also a girl who lived on the farm.

One day an old beggar man arrived and the landowner said to the girl, "Release the dogs so that they can bite that old bum!" But the girl didn't release them.

She said "What will happen if I don't release the dogs?"

The landowner then replied "Maria! If you don't release them you'll see what happens to you! You'll see!"

The girl turned to the old man and said "Leave quickly! You don't want to pass by here! Leave!"

Spiteful of the landowners, the girl then left the farm that evening, but it's said that the landowners stayed behind. On the following day, a lake had formed on top of the farm covering everything in sight because the landowners didn't give any charity to the old man.

In a nearby sector known as Compañia Kamuendo, it's said there were some workers who were ploughing the fields to plant corn. In order to plant the corn they were making lines with the oxen. As they were ploughing, it's said the old beggar man appeared. When they saw him they released the dogs on him. He yelled out "I've just come because I'm hungry." After this, lava came from the mountain tops and buried the fields.

It's said that the old man then went to the neighbour's house. There, it was said they were weeding the cornfield. When the old man arrived, he said "Are you weeding?" One of the men replied "Yes, my friend, I'm weeding because the crop is not going to ripen."

The worker then said "But, we'll keep weeding even if the crop doesn't ripen."

The old man then said to the workers "My children, if that's the case, keep up the good work."

It's said that on the following day that there were so many fava beans, quinoa, and wheat that it was impossible to harvest it all. It's said that when the beggar had prayed for them, corn, hominy, and all the other grains were given to them. And it's said that this old man gave them all this because he was happy with a cup of *chicha*[134] that they had given him the day before.

---

[134] Chicha is a fermented beverage often made from corn traditionally consumed throughout South America. It can be mixed with or without alcohol.

24 Trigo Pishku

Relatado por/ Told by: Isabel Bonilla

Yo trigo pishkuta hablagrijuni.

Trigo pishku, trigopi abin. Diayka, ese pishkuka trigotaka acabanlla trigota. Acabajukpika ese genti muñecota ponirin chaupi trigopi. Diayimanta, ese chaupi trigo ponikpika, ese pishkukunaka macharishpa in. Diaymanta vuelta venin ese pishkurukukunaka ese trigo pishku.

Ese trigo pishkutaka ñukanchika asi juiziota atipakpi ese gentita poninchi; gentita no casowan. No casokpi chaupi trigopi poninchi uno tinapi tragopurota poninkpika. Aypika todito morin. Aymanta, ya no comin trigotaka sinoka trigotaka acabaytaka ese trigo pishkuruku. Aymantami ya cosechayta podinchi trigota.

Diay ese trigo pishkurukukunaka ya vuelta buscashpa in otros llanokunaman trigota. Diay ese trigokunata vuelta asillata acaban; otrokunaka no sabishpa asi acabachin. Nosotroska como sabinchi poninchi tragopurota chaupi trigopi eseka todito acabarin morishpa.

Y aymantaka, ya inlla uno ya mancharishpa ya no volvinchu vuelta comingapa trigota. Asimi ñukanchika, jambinchi ese trigo pishkurukukunata.

Voy a hablar de los pájaros del trigo (trigo *pishku*[135]).

Estos pájaros viven en nuestros campos de trigo y se comen todos los granos. Antes sabíamos poner un espantapájaros en medio del campo, para ahuyentarlos; pero siempre terminaban regresando junto con otros pájaros malditos.

Nosotros poníamos estos espantapájaros cuando los pájaros del trigo fastidiaban mucho, pero ellos no les prestaban atención entonces, poníamos una tina con alcohol puro en medio del campo de trigo y después de que bebían esto todos morían. De esta forma dejaban de comer el trigo, de lo contrario, terminaban con los cultivos y nosotros no teníamos nada que cosechar.

Después estos pájaros malditos saldrían a otras partes en búsqueda de otros campos de trigo. Los pájaros terminaban con los granos de trigo y esas personas no sabían cómo deshacerse de ellos; mientras nosotros, sí sabíamos cómo hacerlo; poníamos alcohol en medio de los campos de trigo.

Cuando los pájaros iban y veían se asustaban y no regresaban a comer el trigo. Esta es nuestra cura para esos malditos pájaros.

English: Wheat birds

I am going to talk about the *trigo pishku*[136] birds. These are the birds that live in our wheat fields and eat all of our grains. In the past, we use to put scarecrows in the middle of the wheat field that would frighten away the birds, but they'd always end up coming back, along with other rotten birds.

We would put these scarecrows up when the wheat birds were really bothersome, but they'd pay no attention to them. When they stopped paying attention to the scarecrows, we put a tub of pure alcohol in the middle of the wheat field and upon drinking this they would all die. That way, they stopped eating the wheat. If not, these rotten birds would finish off the crop and we would have nothing to harvest.

Those rotten little wheat birds would then go off to other parts to find wheat. There, they'd end up eating someone else's grain. But these people didn't know how to get rid of them. Since we knew, we'd put that pure alcohol in the middle of their wheat fields and the birds would all die.

When the birds see the dead birds they're frightened away. They don't come back to eat the wheat. This is our cure for those nasty little wheat birds.

---

[135] Del kichwa *pishku* significa "pájaro". Pájaro del trigo es el nombre que se les dio a los pájaros que se encuentran en las plantaciones de trigo.

[136] From Spanish *trigo* 'wheat' and Quichua *pishku* 'bird', *trigo pishku* (wheat bird) is a general name given to birds found in wheat.

25 Tayta Imbabura y Mama Cotacachi
Relatado por/ Told by: Antonio Maldonado

Bueno Tayta Imbaburata Mama Cotacachitapash conversashun.

Aqui adelantipi Tayta Imbaburata tininchi vuelta ese ladura Otavalo ladurapi vuelta Mama Cotacachita tininchi. Eseka Tayta Imbaburami enamorashka dezin Mama Cotacachita. Ahika ese Mama Cotacachi ese rato "bueno" dezishka. Ayimantami ishka onditachari aykunaman esconditio casarangapa, dezin. casarashpaka huahuatami tinishka Huahua Imbaburata. Entonces ese Huahua Imbaburaka mamapakman inata kirishka dezin taytaka vuelta no soltanachishkachu huahuataka y asi peliashpa no soltashka. No soltashka huahuata aquipi quedachishka. Ese no mandallakpita ese huahuaka quedashka jugashpa dezin tingashpa. Aypi asi tingashpami relampagoshpa juizota lluvin relampagoshpa Imbaburawan Cotakachiwan asi cruzarinajun frente frente punchallaya rishpa. Ese ratomi huahuaka juiziota tingan dezinmi. Ay Cotacachiman apuntashpa Imbaburawan juiziota pelean entre ambos serrokuna.

Español: Tayta Imbabura y Mama Cotacachi

Vamos a hablar del Taita Imbabura[137] y la Mama[138] Cotacachi[139].
Frente a Pijal tenemos al Taita Imbabura y al otro lado de Otavalo[140]
tenemos a la Mama Cotacachi. Se dice que el Taita Imbabura enamoró a
la Mama Cotacachi y cuando él le pidió la mano para casarse ella dijo: sí.
Se dice que se casaron en algún lugar desconocido. Después tuvieron
un hijo llamado Guagua Imbabura[141]. Cuentan que el Guagua Imbabura
se quería ir con su mamá; pero el Taita Imbabura no quería dejarlo ir.
Ellos pelearon y pelearon, y, él se quedó.
Se dice que cuando el Taita Imbabura no envió a su hijo, el niño se
quedó atrás jugando con los rayos.
Cuando hay tormenta de truenos y está lloviendo a cántaros, puede
ser visto el cruce de rayos de un lado a otro entre el Imbabura y el
Cotacachi. Dicen que el Guagua Imbabura está disparando los rayos y el
Cotacachi está apuntando al Imbabura; entonces las montañas están
peleando.

English: Mt. Imbabura and Mt. Cotacachi

Let's talk about Father Imbabura and Mama Cotacachi[142].
Here, in front of Pijal, we have Tayta Imbabura. On the other side of Otavalo[143] we
have Mama Cotacachi.
It's said that Tayta Imbabura fell in love with Mama Cotacachi. When he asked for
her hand in marriage it is said she replied, "Yes". It's said they were then married in some
unknown location. After the wedding, they had a child named Guagua Imbabura[144]. It's
said that Guagua Imbabura wanted to go with his mom, but Tayta Imbabura did not want

---

[137] El Imbabura es un volcán que se encuentra ubicado en la provincia de Imbabura. En
kichwa en lugar de decir "volcán" la gente se refiere como: "Taita Imbabura".
[138] *Mama* no tiene acento porque se conserva la palabra del "kichwa".
[139] El Cotacachi es un volcán que se encuentra ubicado en la provincia de Imbabura y en
kichwa se le da el nombre de "Mama Cotacachi". *Mama* se traduce del kichwa como
"mamá".
[140] Otavalo es una ciudad en Imbabura muy conocida por sus artesanías que son vendidas
alrededor del mundo. Los habitantes de Otavalo son en la mayoría indígenas quienes se
identifican como "Otavaleños" y cuya cultura difiere de alguna manera de las
comunidades aledañas.
[141] El Guagua Imbabura es la montaña más pequeña que está a lado del Taita Imbabura.
[142] Imbabura and Cotacachi are two mountains located in the province of Imbabura.
Instead of referring to them as Mt. Imbabura and Mt. Cotacachi, they are known as Tayta
Imbabura and Mama Cotacachi in Quichua. *Tayta* translates to 'father' and *mama*
translates to 'mother'.
[143] Otavalo is a city in Imbabura known for its artisans which are sold throughout the
world. The residences of Otavalo are mostly indigenous people who identify as
'Otavaleños' and whose culture differs to some extent from that of neighbouring
communities.
[144] Wawa Imbabura is the name of the smaller mountain next to Tayta Imbabura.

to let him go. They fought and fought but Tayta Imbabura could never let go and the child stayed with him.

It's said that when Tayta Imbabura did not send his son, the child stayed back and played with the lightning. When there's a thunder storm and it's pouring rain, lightning can be seen crossing back and forth between Imbabura and Cotacachi. It's said that Guagua Imbabura is firing the lightning bolts. When Cotacachi is aiming at Imbabura the mountains are fighting.

26 Chamiza

Relatado por/ Told by: Antonio Maldonado

Buenos días compañero Jesse.

Yomi Antonio Maldonado kani poquitogota conversasha voswan.

Ay arribapi nuestra Tayta Chamiza dezishka. Esemi lorintiman ishka trabajangapa. Diayka, elpa mujerka no tinishkachu celularta entonces no tinikpika vuelta, vecina Julianta llamakashka porque ellami tinishka celularta. Entonces trabajomantami llamashka ellata celularpi, "Avizapay Carmenman juevestaka ya venishallami trabajomanta" dezishpa. Diaymantaka ya asi llamakpika avishpaka elpa mujermanka patiomantami gritashka Mama Carmentaka dezin. "Tia! tia! Tioka trabajomanta juevestami vivinlla" dezinmi "bañashkalla esperana kangui!" Mami Carmen contestanmi "Yoka cuandota bañajusha venishpaka el yapash mosparipanllami suciogo ondepish" dezishka.

103

Español: El Chamiza

Buenos días mi amigo Jesse.

Soy Antonio Maldonado y voy a contar una pequeña historia.

Allá arriba en la montaña tenemos un amigo al que le llamamos el señor Chamiza. Él se había ido a la selva para trabajar; debido a que su esposa la señora Carmen no tenía un teléfono celular, él llamaría a su vecina, la señora Juliana, que tenía celular. Entonces la llamaría desde su trabajo y le diría:

Avísele a Carmen que regresaré del trabajo el jueves.

Cuando él, la llamaba a la señora Juliana, le contaba todo a doña Carmen; desde su patio.

Un día ella le gritó:

¡Oye!, Carmen, tu esposo llamó y me dijo que va a salir franco el jueves, que lo esperes limpia y bañada.

La señora Carmen respondió:

Cuando él llega delirando del viaje no le importa que me bañe, igual lo hace; así esté sucia.

English: Chamiza

Good-day my friend Jesse.

I am Antonio Maldonado, and I wish to tell you a little story.

Further up the mountain lives a friend who we call Mr. Chamiza. He had gone to the jungle for work. His wife, Mrs. Carmen, however, didn't have a cell phone so he would call their neighbour, Mrs. Juliana, who had one. So from work he would call her and say, "Tell Carmen that I'll be back from work on Thursday." When he'd call, Mrs. Juliana would yell to Mrs. Carmen from her patio.

One day she yelled out "Hey Carmen! Your husband called and said he'll be back on Thursday! He said to wait for him nice and clean!" Mrs. Carmen then replied "It doesn't matter if I bathe or not! He arrives so delirious from the trip back that it doesn't matter if I'm dirty or not!"

27 Chuchu Costal

Relatado por/ Told by: Antonio Maldonado

Vuelta, abajo proyecto chakata trabajagrishkamari uno compañero Guayco Pongomanta ajuntarishpa, eseka ajuntarinchi asi mingaypika. Uno poquitogotawan trabajanchi. Ya tardeka ya mas picadollata mas ese compañeroka conversan.

"Eseman" dezin "este mio familiaka uno par jovenkuna recienlla cazarashka abin" dezin.

"Eseka ese wambraka recienlla cazarashka arta mamatami wañachijushka dezinmi trabajushka cada noche" dezin.

Kuytsaka papasuman "Papaku asika separagirniman asi pacha comota vivishpa!"

Diayka, "Kuytsataka carajopash ya vuelta peliaringuichimi!" dezin.

Artando papaku "Uno cosamari avisay! Avisay!" dezin elka.

Kuytsaka pingañachishpa no avisashka.

Diaymanta papasuka vuelta "Avisay!" dezina "Kuytsa carajopash avisay!" dezin.

Ayka avishaka papakuman, "Yo asi pachaka comota vivisha!, Yopa traseroka chochos costalshinamari amanecen" dezishka.

Español: El Costal de Chochos

Un día estábamos trabajando en un proyecto de un puente y un amigo de Guayco Pongo se unió a trabajar en esta minga[145]; trabajábamos y tomábamos unos tragos. Por la tarde mi amigo mientras más tomaba empezó a conversar, entre una de las cosas que contó fue:

Había una pareja de jóvenes, recién casados, el hombre no podía conseguir suficiente de su esposa; él quería hacerlo todas las noches, entonces la joven se dirigió a su padre y le dijo:

¡Papá quiero separarme!, no puedo vivir así.

Entonces el papá le respondió:

¡Carajo[146]!, ¿estás peleando otra vez?.

Su padre se enojaba cada vez más y gritó:

¡Avísame hija, qué es lo que está pasando!.

A la joven le daba vergüenza y no quería decirle; pero el papá le seguía diciendo:

¡Avísame!, carajo muchacha, ¡avísame!

Ella finalmente le dijo:

No puedo seguir viviendo así, cada mañana mi trasero amanece, como un costal[147], lleno de chochos[148].

English: Burlap Bean Bag[149]

One day we were working on a bridge project and a friend from Guayco Pongo joined us to work at the *minga*[150]. While we worked we had a few drinks. The more he drank the more our friend started talking. One of the stories he told went like this:

There was a young couple who had just gotten married and the young man couldn't get enough of his wife. He'd want her every night. The young woman then went to her father and said "Dad, I want a separation! I can't live like this!" The father then said, "Damn it girl, are you fighting again?" Her father was getting more and more irritated and exclaimed "Tell me something child! Tell me what's going on!" But the Young woman was embarrassed and didn't want to tell him. Her father kept at her "Tell me!" Damn it girl! Tell me!" So she finally told her father "I can't keep living like this! Every morning, I wake up and my bum feels like a burlap bag of beans!"

---

[145]La minga es una tradición ancestral de trabajo colectivo que se realiza dentro de una comunidad u organización social.

[146] Término coloquial que se lo utiliza para demostrar enojo.

[147] Bolsa de yute

[148] Chocho o lupino es una leguminosa que se la usa en diversos platos típicos en la sierra ecuatoriana.

[149] 'Beans' is this case refer to *lupini* (better known as *chochos* in Ecuador).

[150] *Mingas* are a long standing tradition of collective work with soical benefits.

28 Warmi Colerashka

Relatado por/ Told by: Antonio Maldonado

Vuelta, dimañana kosawan warmiwan peliashka dezin.
Diayka, todo el dia colerakuna caynashka ya tardiyan
dinochiyan dormingapa camapi ya ishpa. Diaymanta, warmi
colerashkaka tablatami llevshka camaman, poningapa lamitad
camapi dividishpa dormishka dezin. Uno ladoman mujer y
otro ladoman marido.

Las dos de la nochita recordashka mujerka tablata
atrasman pasay rempujangapa dezishka maridoka.

Diayka, mujertaka "Quitay! Quitay!" dezishka "nochu
colerakarkangui?"

"Voswanka colerakani elwan no colerakanichu."

Español: La Esposa Brava

Se dice que una mañana el esposo y la esposa se habían peleado,
esto se convirtió en una pelea de todo el día. En la noche se fueron a
dormir, la esposa enojada llevó una tabla de madera para ponerla en la
mitad de la cama y dividirla; para que el esposo duerma a un lado y la
esposa al otro.

Se dice que a las dos de la mañana la esposa se despertó y puso la
tabla a un lado y empujó a su marido, y él le dijo:

¡Quita!, ¡quita!, ¿no que estabas enojada?.

Y la esposa le responde:

Estoy enojada contigo, pero no estoy enojada con él…

English: The Angry Wife

It was said, that one morning, a husband and wife were fighting and it turned into an
all-day event. Finally, that night they went to bed and the angry wife brought with her a
wooden board which she put it in the middle of the bed, dividing it in half. On one side
was the husband and on the other side the wife. It's said that at two in the morning, the
wife woke up and moved the board off the bed and nudged her husband. The husband
said "Quit! Aren't you angry?" She replied "I'm angry at you, but I'm not angry at him…"

29 Borrego

Relatado por/ Told by: Mercedes Tabango

Mas antes taytakunaka serro filoman subishpashi kashka dezin. Diayka otro taytataka abajopi parajushka.

Diayka dezishkashi "Atrancangui grande grande carnirutami, soltagrini arriba serromanta piernata abrishpa atrancakangui!" dezishkashi

Ese jarika creidomi esperajushka borregotami soltangayashpa piestapash abrishka atrancajushka borregomi yashpa.

Diaymantaka karin no borregochu kashka lanudo lanudo piedrami kashka maspash eltaka aplastashpa pasashka.

Diayka gritanmari "Ja jai carajokuna atrankayllari borregotaka ese gordotaka comingapamari soltarkani" dezishkashi.

Español: El Borrego

Se dice que hace mucho tiempo algunos hombres subieron a un cerro, uno se quedó abajo; desde lo alto de la colina le gritaron:

Tenemos un borrego enorme que lo vamos a hacer rodar y cuando lo suelte, abre tus piernas y prepárate para atraparlo.

Aquel hombre les creyó y esperó por el borrego; cuando lo dejaron caer, el hombre abrió sus piernas para atraparlo; pero eso es lo que él pensó, más, no era un borrego, era una piedra que ellos habían envuelto en piel de borrego.

La piedra rodó aplastando al pobre hombre.

Los que estaban arriba rieron, ja, ja.

Dejé rodar el borrego para comer, no, para que te atropelle.

English: The Sheep

Once upon a time, it's said, some men went up a hill, while one stayed below. From on top of the hill, they yelled "We have a huge sheep up here that we're going to roll down to you. When I let it go, open up your legs and get ready to catch it!"

That man believed them and waited for the sheep. When they let it go he opened up his legs ready to catch the sheep, or so he thought. But it wasn't a sheep; it was a large rock that they had wrapped in sheep's skin. The rock rolled down smashing the poor man.

They yelled from above "Ha! Ha! I sent that sheep down to eat, not so it runs over you!"

108

30 Gato Perdishka

Relatado por: Antonio Maldonado

Vuelta uno vecinami gatotalla perdichishka dezinmi.
Diayka ese gatota perdishka andajushka boscashpa.
Diay otra vecina avisashka gatoka "Tuyu vecinapakpimi
andajun" dezishpa avisashka.
Diayka "Pero gatoka dorminata sabinkashka pierna
dentropi ya asi enseñadokashka" dezin "solo pierna dentropi."
Diayka, "Ese tiaka pierna dentropi dormita enseñashka
karka" dezin.
"Chuta, ahora si vigrisha mio vecinapa pierna dentropi
dormijunga yashkashi."
Diayka, ella dimañanitata ishka vecinapakman ayman
ishpaka camallapita dormijushka dezin vecinaka llegashpaka
cobijataka alzashkalla dezin. Lluchita dormijushka dezin.
Diayka gatotaka diuna asi vishka "Jala! Jala! Mio gatoka
no asi karkaka. Alrevezman bocamari karka. Este gatoka
abajoman bocata tinishka!"

Español: El Gato Perdido

Se dice que un día una vecina perdió a su gato y ella anduvo buscando y buscando.

Uno de sus vecinos se acercó y le dijo:

La vecina tiene a tu gato; la mujer le respondió:

Es extraño que se esté perdiendo mi gato, él se ha acostumbrado a dormir solo en medio de mis piernas. Entonces la vecina dijo:

Bueno parece que su gato está durmiendo en las piernas de la vecina, y, la mujer respondió: Bien, voy a ir a buscarlo, mientras ella está durmiendo.

A la mañana siguiente fue a la casa de su vecina, se arrastró hasta el pie de la cama mientras ella dormía.

Se dice que luego se acercó y levantó las cobijas y vió que la vecina ha sabido dormir desnuda.; al creer que vió al gato le llamó:

¡Despierta!, ¡despierta! y antes de que ella grite dijo:

Mi gato no se parece a este, mi gato tiene una boca horizontal, en cambio este tiene una boca que va de arriba hacia abajo.

English: The Lost Cat

It's said that one day a neighbour lost her cat and that she went around looking and looking for it. One of her neighbours came up to her and said "Your other neighbour has your cat." The woman replied, "It's odd he's missing, my cat was used to sleeping on my legs." The neighbour then said "Well, it looks like your cat is now sleeping on your neighbour's legs." The woman then replied "Fine, I will go look there while she's sleeping."

Early the next morning, she went to her neighbour's house and crept up to the foot of the bed as she slept. It's said she then pulled up the covers of the woman, who was sleeping naked. Upon seeing the cat she called out to the cat "Wake up! Wake up!" before she exclaimed "My cat doesn't look like that! My cat has a horizontal mouth and this one's goes up and down!"